感谢中央财政支持地方《应用型金融人才培养综合教学实验平台》项目和上海市教委科研创新文科重点项目（14ZS154）支持。

董事会治理、创新战略选择和企业绩效研究

蒋小敏 著

中国财政经济出版社

图书在版编目（CIP）数据

董事会治理、创新战略选择和企业绩效研究/蒋小敏著.—北京：中国财政经济出版社，2015.12

ISBN 978-7-5095-6542-1

Ⅰ.①董… Ⅱ.①蒋… Ⅲ.①董事会-管理体制-关系-企业绩效-研究 Ⅳ.①F271②F272.5

中国版本图书馆CIP数据核字（2015）第308359号

责任编辑：卢关平　　责任校对：杨瑞琦
封面设计：孙俪铭　　版式设计：董生平

中国财政经济出版社 出版

URL：http：//www.cfeph.cn

E-mail：cfeph@cfeph.cn

社址：北京市海淀区阜成路甲28号　邮政编码：100142

营销中心电话：88190406　北京财经书店电话：64033436　84041336

北京京华虎彩印刷有限公司印刷　各地新华书店经销

880×1230毫米　32开　8.625印张　198 000字

2015年12月第1版　2015年12月北京第1次印刷

定价：20.00元

ISBN 978-7-5095-6542-1/F·5270

（图书出现印装问题，本社负责调换）

本社质量投诉电话：010-88190744

打击盗版举报热线：010-88190492，QQ：634579818

摘 要

随着经济全球化和一体化程度越来越高，各国企业面临的外部环境越来越复杂、面临的市场竞争越来越激烈。创新正被企业当做应对激烈竞争、建立长期竞争优势的法宝。随着我国改革开放的深入和市场经济体制的建立，企业对创新的认识越来越深刻，对创新越来越重视，但在总体上创新投入总量不足，创新投入的结构不合理，创新的成效还不高。

为什么有的企业会积极创新、赢得市场，而有的企业却故步自封、很少创新，并最终遭淘汰呢？理论界对影响企业创新的因素给予了长久的关注。最早的经济学家亚当·斯密和马克思就已经在关注和研究创新问题了，直到熊彼特达到了创新研究的高潮，自此以后大量创新文献层出不穷。传统上，学者们主要从市场结构、产业发展阶段、企业文化、国家文化传统、政策环境、政府支持等方面进行分析。随着公司治理理论的兴起，大量文献开始从公司治理结构角度对创新进行研究。公司治理结构是企业最基本的制度安排，决定和影响着企业的经营管理活动，也必然对创新决策产生影响。

目前，公司治理结构对创新影响的研究主要集中在两个方面：一是将创新看做是一种经济过程，并且具有风险性特征。这方面研究基于委托代理理论，认为企业创新决策主要受管理者代理问题影响，而管理者代理问题正是公司治理所要解决的问题。二是将创新看做是一种技术过程，受企业的知识存量、学习能力、技术特征等因素影响。这方面研究主要分析公司治理结构是否能够促进企业提升知识存量、学习能力等。第一个方面的研究没有深入分析公司治理结构影响创新的具体机制，对其中的“黑箱”分析很少。同时，其理论基础主要是基于代理理论，忽视了其他的重要理论，特别是近年来兴起的与代理理论完全不同的管家理论，因而其解释力正受到越来越多的挑战。第二方面的研究将创新看做是一个技术过程，而不是一个经济过程，从而忽视了创新的商业化特征。

本书从创新是一个经济过程的角度出发，

将创新看做是一种风险性决策行为，因此，在创新战略选择的决策过程中，企业管理者的偏好和认知能力无疑是至关重要的。那么哪些因素会影响管理者偏好和认知能力呢？本书认为，董事会治理作为公司治理结构的核心，起着非常关键的作用。结合董事会职能理论，在代理理论和管家理论的基础上，本书将董事会治理行为分为控制型模式和协作型模式。不同的董事会治理模式对管理者创新决策的影响是不同的。此外，企业创新战略是一个多层次多角度的系统工程，现有研究大都停留在将战略看做一个整体来研究其对企业绩效的影响。实际上，不同类型的创新选择对企业绩效的影响是不同的。目前关于具体创新对企业绩效影响的文献还比较少，本书系统研究了不同类型的创新选择对企业绩效的影响效应。基于此，本书建立了“行为—创新—绩效”的分析框架，并进行了实证分析。

本书研究主要包括三个部分，具体安排如下：

第一部分是文献综述（第二章内容）。第二章首先对各种具体创新（自主创新和合作创新、产品创新和工艺创新、突破性创新和渐进性创新）选择动因的文献进行梳理。发现现有文献很少从公司治理结构的角度来研究具体创新选择，同时对创新决策的风险性特征重视不够，缺乏一个统一的分析框架。接着，对各种具体创新影响企业绩效的文献进行梳理，目前这方面研究比较少，国内更是处于起步阶段。这些文献的梳理为本书研究提供了很多启发。

第二部分是理论分析，包括第三章和第四章。第三章首先对现有的“结构—创新”分析框架的局限性进行了分析，并提出了“行为—创新”分析框架。紧接着对董事会治理进行了详细分析，在对董事会职责梳理的基础上，结合代理理论和管家理论，将董事会治理分为控制型治理和协作型治理两种类型。最后简单分析董事会治理对创新决策的影响。第四章在相关理论分析的基础上，提出了本书的研究假设。研究假设分两部分：董事会治理对企业创新战略选择的影响（共有12个假设）；企业创新战略选择对企业绩效的影响（共有12个假设）。

第三部分是实证分析，包括第五章、第六章和第七章。第五章对本书研究采用的问卷设计、数据来源、研究变量和主要研究方法进行了介绍。实证研究采用了结构方程模型（structrual equation modeling，SEM）方法。由于本书研究涉及的变量主要是行为类和态度类变量，同时SEM允许对所有因变量进行同时计算，并可以考虑因变量之间可能存在的关系以及模型的整体拟合度，因而SEM比较适合本书的实证要求。

第六章对本书的假设进行实证检验。本章首先对数据进行信度检验，在通过信度检验之后，再采用探索性因子分析和验证性因子分析两种方法进行效度检验，确定数据符合结构方程模型的要求，最后进行了模型模拟和假设检验。

第七章介绍了本书的假设检验结果，并进行了讨论。本书实证研究发现：(1) 董事会治理对企业创新战略选择影响方面：协作型治理有利于各种类型创新的开展。控制型治理不利于自主创新、产品创新和突破性创新，但有利于合作创新、工艺创新和渐进性创新。(2) 在企业创新战略选择对企业绩效的影响方面：自主创新对企业财务绩效和市场绩效存在负向的影响，渐进性创新对企业财务绩效和市场绩效的影响不显著，合作创新、产品创新、工艺创新和突破性创新对企业财务绩效和市场绩效都有正向的影响。

本书的主要创新有：一是对现有的“结构—创新”分析框架的局限性进行了分析，并提出了“行为—创新”的分析框架，同时又研究了创新选择对企业绩效的影响，建立了一个完整的“行为—创新—绩效”分析框架。二是突破现有的公司治理研究主要是以委托代理理论为基础的局限，同时考虑了代理理论和管家理论，在这两种理论的基础上，将董事会治理分为两种类型：控制型治理和协作型治理，并研究了不同的董事会治理类型对创新选择的影响。三是从决策风险的角度研究了创新战略的选择，并将各种类型的创新选择统一纳入到了该框架中进行分析，拓宽了研究的视角和思路。

关键词：董事会治理　创新战略选择　控制型治理　协作型治理　企业绩效

Abstract

With increasing economic globalization and integration, enterprises around the world are facing increasingly complex environment and the increasingly fierce market competition. Innovations are regarded as a response to highly competitiveness and the establishment of long-term competitive advantage. With the deepening of China's reform and opening up and the establishment of market economy system, the enterprises are more and more profound understanding of innovation and increase emphasis on innovation, but totally the investment volume is low, investment structure is irrational, and the effectiveness is not high.

Why are some companies willing to innovate and win the market, while some companies are complacent and less innovative? Factors affecting innovation are given long-term concern. The earliest economists, such as Adam Smith and Marx, start to concern on innovation, until Schumpeter-the such researches reached the climax, and since then a number of innovative literatures emerge after another. Traditionally, scholars analyz mainly market structure, industry stage of development, corporate culture, national cultural traditions, policy environment, government support etc. With the emerging of corporate governance theory, many literatures analysis innovation from the perspective of corporate governance structure. Corporate governance structure is the most fundamental institutional arrangement, which determinates and affects business operations and management, and hence affects necessarily decision-making on innovation.

Currently, the researches on the corporate governance structure affecting innovation include two aspects: First, innovations are regarded as an economic process with risky characteristics. This research is based on principal-agent theory, innovation policy is mainly affected by managers agency problem, which is addressed by the corporate governance. Second, innovations are regarded as a technical process, which is affected by the stock of knowledge, learning ability, technical characteristics and other factors. This study examinates whether the corporate governance structure can promote the stock of enterprises, enhance their knowledge, learning ability, which affect innovation activities.

The first aspect of the studies do not in-depth analysis the specific mechanism of of corporate governance structure influencing innovation or the "black box". Meanwhile, its theoretical foundation is mainly based on agency theory, and neglect other important theories, especially stewardship theory which is completely different from the agency theory, so its explanatory power is being challenged more and more. For the second research, innovations as a technical process, rather than an economic process, ignore the commercialization of innovative features.

From the perspective of the innovation as an economic process, this paper regards innovation as a risky decision-making behavior and study affection of the corporate governance structure on innovation. Innovations as a risky decision-making are affected by managers'risk prone and cognitive ability. Then what factors will affect managers risk preferences and risk perception ability? This paper argues, as the core of corporation governance, the board governance is key. Based on theory of the board functions, agency theory and stewardship theory, this paper divides the board governance into two models: control-type and collaboration-type. Introducing board governance, this paper develops the existing " structure-Innovation " framework and proposes the " behavior-Innovation" framework. Board governance affects management decisions of innovation, and kinds of innovation affect firm performance.

This paper includes three parts, as follows:

The first part is a literature review (chapter Ⅱ). Chapter Ⅱ surveys factors affecting the choices of specific innovation (independent innovation and collaborative innovation, product innovation and process innovation, radical innovation and incremental innovation). There are little literatures on choice of specific innovation from aspect of corporate governance structure, meanwhile paying inadequate attention to the risk characteristics of innovation and lacking of a unified analytical framework. Then, the chapter surveys the performance of companies incured by innovations, the current research in this area is relatively rare, and the domestic reaearch still stay its infancy. Sorting out the literature provides this paper a lot of inspiration.

The second part is a theoretical analysis, including chapters Ⅲ and Ⅳ. The third chapter analysis the existing "structure-Innovation" framework, and proposes the "structure-behavior-innovative" new framework. Then the paper detailedly analysis board governance conduct. Based on the theory of board fuction, agency theory and stewardship theory, this paper divides the board governance into twomodels: control-type and collaboration-type. Finally, the affect of board governance on innovation decisions is simply analysised. The fourth chapter proposes the hypothesis of this study. Hypothesis include two parts: the impact of board governance on innovation (12 hypothesis) and the impact of innovation on firm performance (12 hypothesis).

The third part is the empirical analysis, including chapter Ⅴ, Ⅵ and Ⅶ. Chapter Ⅴ explains a questionnaire design, data sources, study variables and the main research methods. Empirical research implys structural equation model (SEM) methods. Since the variables involved in this study deal with behavior and attitudes, SEM allows for all dependent variables and considere the possible relationship between variables and the model's overall goodness of fit, and thus SEM is a suitable choice for this article.

Chapter Ⅵ tests the empirical assumptions. This chapter first tests the reliability of the data, and then uses exploratory factor analysis and confirmatory factor analysis of two methods of validation to identifying data requirements consistent with the structural equation model, Finally, the model simulation and hypothesis are tested.

Chapter Ⅶ describes and discusses the results of hypothesis tested in this paper. The empirical study found that (1) impact of board governance on innovation: collaboration-type governance is conducive to types of innovation. Control-type governance is not conducive to independent innovation, product innovation and breakthrough innovation, but is conducive to collaborative innovation, process innovation and incremental innovation. (2) impact of innovation on firm performance: Independent innovations have negative impacts on financial and market performance; incremental innovations don't have significant impacts on financial and market performance; collaborative innovation, product innovation, process innovation and radical innovation have positive impacts on financial and market performance.

The paper's main innovations include: first, the paper analyzes the limitations of the existing "structure-innovation" framework, proposes a "behavior-innovation" analytical framework, analyzes the impact of innovation choice on firm performance, then establishes a "behavior-innovation-performance" a complete analysis framework. Second, the breakthroughing limitations of the current corporate governance research is mainly based on principal-agent theory, taking into account the agency theory and stewardship theory, the board governance is divided into two types: control-type governance and collaboration-type governance, and to study the different types of board governance influence the selection of innovation. Third, studying innovation strategy choice from the perspective of the risk decision-making, and thus broaden the research perspectives.

Keywords: Innovation Strategy, Board Governance, controlled governance, collaborative governance, firm performance

目　录

图表目录

第一章

导　论

随着经济全球化和一体化程度越来越高，“全球的竞技场变平了，世界变平了”（弗里德曼，2006），企业面临的竞争越来越激烈。同时，世界科技发展日新月异，知识在经济社会发展中的作用日益突出，国民财富的增长和人民生活的改善越来越有赖于知识的积累和创新。创新已经成为国际综合国力竞争的焦点。各国都在积极创建国家创新体系，增加创新投入，支持创新活动，提升本国整体创新水平。

第一节　研究背景和问题的提出

根据有关研究报告，2004 年我国科技创新能力在49个主要国家（占世界GDP的92%）中位居第24位，处于中等水平。2006年1月9日，我国召开了全国科技大会，在会上宣布中国未来15年科技发展的目标：2020年建成创新型国家①，使科技发展成为经济社会发展的有力支撑。基本指标是：到2020年，经济增长的科技进步贡献率要从39%提高到60%以上，全社会的研发投入占GDP的比重要从1.35%提高到2.5%。在全面建设小康社会步入关键阶段之际，根据特定的国情和需求，我国提出了要把科技进步和创新作为经济社会发展的首要推动力量，把提高自主创新能力作为调整经济结构、转变增长方式、提高国家竞争力的中心环节，把建设创新型国家作为面向未来的重大战略。

目前企业已经成为我国创新的主体。从图1-1可以看出，2013年，我国的R&D经费支出总额中来自企业的资金占74.60%，来自政府的资金占21.11%，来自国外的资金占0.89%，其他资金占3.40%。企业已经是我国R&D活动的

① 目前世界上公认的创新型国家有20个左右，包括美国、日本、芬兰、韩国等。这些国家的共同特征是：创新综合指数明显高于其他国家，科技进步贡献率在70%以上，研发投入占GDP的比例一般在2%以上，对外技术依存度指标一般在30%以下。此外，这些国家所获得的三方专利（美国、欧洲和日本授权的专利）数占世界数量的绝大多数。

资金投入主体，其在我国 R&D 活动中的主体地位已不可动摇，正成为科技创新、产业创新和产品创新的主要执行者和创新源。

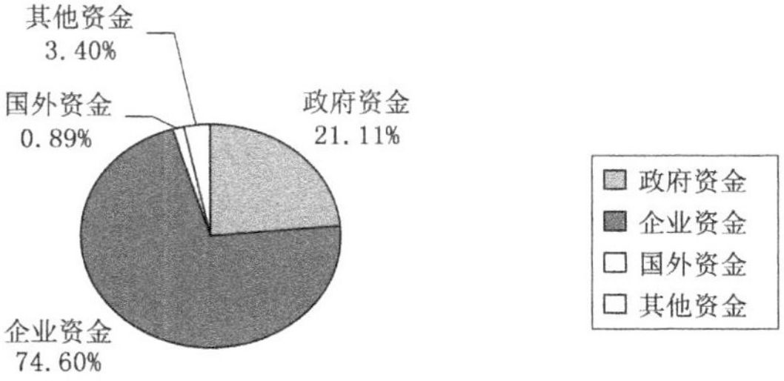

图 1－1 按执行部门和资金来源分组的研究与试验发展（R&D）经费支出（2013 年）

资料来源：《中国科技统计年鉴 2014》。

一、我国企业创新的现状①

随着我国社会主义市场经济体制的建立和完善，企业已经越来越意识到创新的重要性。根据调查，多数企业认为创新对企业生存发展起了重要作用，企业家是一个企业掌握和运用

---

① 本节的数据如果没有特别注明，都是来自国家统计局的一项调查。2007 年，国家统计局对全国规模以上工业企业 2004～2006 年的创新活动进行了专项调查，共调查了 32296 家大中型工业企业和 42600 家小企业。此次调查的相关数据可参见科技部 2008 年第 14 期的科技统计报告《我国工业企业创新调查基本情况分析报告》以及国家统计局邓永旭基于该项调查而发表的论文《我国工业企业创新状况的基本特征》。

资源从事生产经营活动的决策者，企业家对创新重要性的认识是决定一个企业创新活动能否顺利开展的关键。从调查结果看，在全部规模以上工业企业中，认为创新对企业生存发展起了重要作用的企业家占57.5%，认为起了一定作用的企业家占40.5%，仅有2%的企业家认为创新对企业生存发展不起作用（这些企业家主要分布在部分属于传统制造业的小型企业中）。

在实现产品创新的企业中，有54.1%的企业家认为创新对增加产品品种和功能发挥了重要作用，有56.6%的企业家认为创新对提高产品性能和质量发挥了重要作用，有58.9%的企业家认为创新对开拓新的市场或扩大市场份额起了重要作用。在实现工艺创新的企业中，有56.3%的企业家认为创新对提高生产效率发挥了重要作用，认为创新对提高生产的灵活性、降低人力成本、节约原材料、降低能源消耗、减少环境污染、改善生产安全条件的企业家分别占38.3%、37.9%、35.4%、36.1%、39.4%和42.3%。

随着我国改革开放的深入和市场竞争的加剧，我国企业研发创新的能力在不断增强。从图1－2可以看出，我国规模以上工业企业的研发经费支出占主营业务收入的比重从2008年的0.61%增加到2013年的0.80%，新产品销售收入占主营业务收入的比重从2008年的11.31%增加到2013年的12.40%。

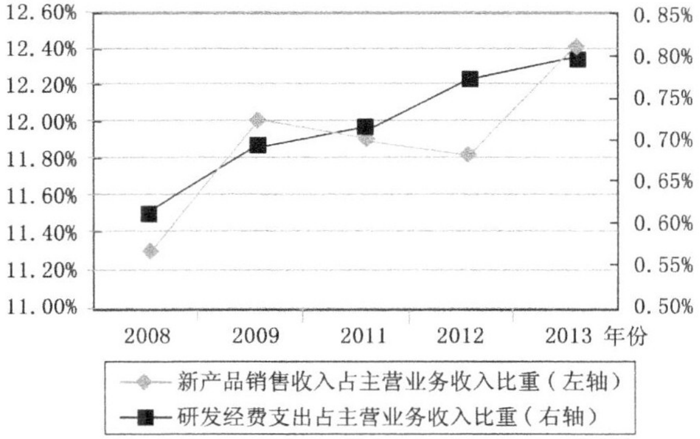

图1-2 我国规模以上工业企业创新能力

资料来源：《中国科技统计年鉴2014》。

注：2010年统计口径是按大中型工业企业，而不是规模以上工业企业，由于2010年统计口径与其他年度不一致，因此本书在此剔除2010年的数据。

二、我国企业创新存在的问题

尽管我国企业创新意识和创新能力有了很大的提高，但仍然不强。从创新投入角度看，主要体现在：

1. 创新投入不足

2008年我国企业500强统计显示，我国企业500强平均研发费用为5.68亿元，研发费用占营业收入的比重平均为 1.32%，有 232 家企业的研发投入强度小于 1%。而按照国际经验，研发费用占企业销售收入的比重低于 1%，企业难以生存，达到 2% 可以维持生存，达到 5% 以上，才会有竞争力（邢孝兵、王诣杉，2010）。这表明，我国这些规模最大的企业，研发投入强度并没有达到在国际市场竞争中维持生存的水平。

2. 创新投入的结构不合理

一方面，创新费用主要用于购置机器设备和软件。调查结果表明，2006 年我国开展创新活动的规模以上企业创新费用支出达到 5821 亿元，其中购置机器设备和软件费用支出为 3250.6 亿元，占创新费用的 55.8%；用于企业内部的研发活动支出为 1888.3 亿元，占 32.4%；购买相关技术的支出为 470 亿元，占 8.1%；委托外单位进行的研发活动支出为 212 亿元，占 3.6%。我国企业创新经费的半数以上用于购置机器设备和软件，而欧盟国家创新费用的 60% 以上用于自主研发，表明现阶段我国工业企业的创新主要依靠引入外部技术来实现，总体上尚未进入自主创新和内部研发的发展阶段，创新还主要是改良性的、渐进性的。

另一方面，我国企业引进技术消化吸收的

投入很少，企业“重引进、轻消化”。我国对外技术依存度高达50%，而美国、日本仅为5%左右。关键技术自给率低，占固定资产投资40%左右的设备投资中，有60%以上要靠进口来满足，高科技含量的关键装备基本上依赖进口[①]。而与此同时，我国企业不重视消化吸收，消化吸收经费支出占技术引进经费支出的比例不高（见表1－1），而日本、韩国则一般都超过1∶3，甚至达到1∶8。这种轻视消化吸收的结果就形成了“落后—引进—再落后—再引进”的恶性循环。

表1－1　我国规模以上工业企业技术引进与消化吸收经费支出的比较

单位：亿元

年　份	2008	2009	2011	2012	2013
技术引进经费支出	466.9	422.2	449	393.9	393.9
消化吸收经费支出	122.7	182	202.2	156.8	150.6
消化吸收经费支出占技术引进经费支出比	0.26	0.43	0.45	0.40	0.38

资料来源：《中国科技统计年鉴2014》。

注：2010年统计口径是按大中型工业企业，而不是规模以上工业企业，由于2010年统计口径与其他年度不一致，因此本书在此剔除2010年的数据。

① 转引自新华网：《新华视点：九大问题挑战“创新型国家”》，http：//news.xinhuanet.com/politics/2006－01/08/content_4024845.htm。

从研发创新的产出看，新产品销售和出口情况是反映创新活动成效的重要指标。2013年按登记注册类型看，内资企业实现新产品销售收入83742.16亿元，但内资企业新产品出口占新产品销售收入的比重仅为11.46%；港澳台商和外商投资企业实现新产品销售收入44718.53亿元，新产品出口占新产品销售收入的比重却达到29.64%[①]。反映出内资企业的创新活动对出口的影响远低于港澳台商和外商投资企业。

总之，我国企业对创新的认识越来越深刻，创新战略问题越来越受到重视，但在总体上创新投入总量不足，创新投入的结构不合理，创新的成效还不高。那么，究竟有哪些因素会影响企业创新战略的选择呢？影响企业创新的因素很多，如企业面临的市场结构、国家文化传统、政策环境、政府支持等，但创新是一个关于企业资源配置的战略决策过程，是企业资源合理配置的决策问题[②]，因而在很大程度上受公司治理结构的影响。公司治理结构是企业最基本的制度安排，决定和影响着企业的

---

① 资料来源：《中国科技统计年鉴2014》。

② 资源基础理论解释了企业是如何将资源用于发展新产品、新工艺等来获得竞争优势的（Wernerfelt，1984）。创新既可以是对企业内外部环境变化的一种应对，也可以是影响环境的一种主动行动。

经营管理活动。目前许多文献研究了公司治理结构和企业创新的关系，但较少研究公司治理结构是如何影响创新决策的，其中的机制是什么，人们对“黑箱”认识还不够。董事会治理是公司治理的核心，深入研究董事会治理对企业创新战略选择的影响，无论在理论上提高对创新的认识，还是在实践上指导企业开展创新活动都有重要的意义。

不同的创新战略选择会有什么不同的绩效结果呢？创新战略的有效性最终体现在创新战略对企业绩效的影响上。尽管企业越来越认识到创新的重要性，但在我国目前的社会环境和经济发展阶段，何种创新方式对于企业最合适，何种创新方式不适宜，这些问题都值得深入的研究。通过创新战略选择和创新绩效两者间关系的研究，有助于选择合适的创新类型和创新方式。

第二节 相关概念的界定

尽管创新是一个使用频率非常高的词语，但人们在使用这个概念时，可能所指的含义并不同，理解可能也不完全一样。为了准确理解其内涵，本节详细分析了创新和创新战略选择这两个概念，并与相关概念进行了比较。

一、创新的概念

（一）创新的定义

尽管创新是经济发展的主要力量源泉，但转向对创新进行深入分析的人则寥寥无几。早期的古典经济学家，如亚当·斯密和马克思对创新都非常重视，然而到了20世纪上半叶，在著名经济学家中几乎只有熊彼特一人在继续发扬古典经济学的这一传统，坚持对创新进行研究（Freeman，1987），并为了以后创新研究奠定了坚实的基础。

在熊彼特研究的第一阶段（Schumpeter mark Ⅰ）[①]，他强调个体企业家的重要性，认为企业家可以履行创新职责，并列举了五种创新情况：第一种情况是，创造一种新的产品，也就是消费者还不熟悉的产品，或者已有产品的一种新的特性；第二种情况是，采用一种新的生产方法，也就是在有关的制造部门中尚未通过经验检定的方法，这种新的方法不一定非要

① 在熊彼特研究的第二阶段（Schumpeter mark Ⅱ），他主要强调大企业在创新中的重要性。

建立在科学新发现的基础上，它可以是以新的商业方式来处理某种产品；第三种情况是，开辟一个新的市场，也就是有关国家的某一制造部门以前不曾进入的市场，不管这个市场以前是否存在过；第四种情况是，取得或控制原材料或半制成品的一种新的供给来源，不管这种来源是已经存在的还是第一次创造出来的；第五种情况是，实现任何一种新的产业组织方式或企业重组，比如造成一种垄断地位，或打破一种垄断地位。

后来，熊彼特又将创新的概念拓展了。他指出，“通过生产函数可以更严格地定义创新——生产函数描述了如果各种要素的数量发生了变化，相应的产品的数量发生变化的方式。如果我们改变了函数的形式，我们就有了一项创新。”他还指出：“创新可以简单地定义为建立一项新的生产函数。这包括一种新商品，或者就像一次合并一样的一种新的组织形式，或者开辟新的市场等等。”紧接着他又说：“联想到经济意义上的生产实际上就是生产性要素的组合，我们可以说创新就是用一种新的方式组合生产要素，或者说创新就包括在执行新的组合中。”

可以看出，熊彼特对创新概念的界定是非常广泛的，不仅仅包括产品创新、工艺创新，也包括市场创新、组织创新和制度创新等。Freeman（1982）则对创新给出了一个简洁的界定，他认为企业创新就是指新产品、新工艺、新系统和新服务的首次商业化，强调了创新的经济内涵。本书认为，创新是企业采用的一种新的资源配置方式，并且这种方式产生的结果具有不确定性。创新具有两个重要特征：（1）创新是一种新的资源配置方式，因而是一种经济活动。企业资源既可以在不同原材料、不同产品（或服务）之间进行重新配置，也可以在不同市场、不同生产技术、不同生产工艺等之间进行重新配置。（2）创新的收益具有不确定性。创新既可能成功，也可能失败。

（二）创新与相关概念的联系和区别

尽管创新概念已经为人们耳熟能详，但是许多人在使用时还是经常与一些相近概念产生混淆，其中最容易对创新和发明、创新和研发这两组概念产生混淆。下面就对这两组概念进行辨析和厘清，从而进一步加深对创新概念的准确理解和认识。

1. 创新和发明

发明一般定义为，为新的或改进的产品、

工艺或制度而建立的新思想、图纸或模型。它并不一定需要实地的可行性实验或模拟实验。发明通常表达一种前所未有的构思，说明某些东西能够工作而且通常通过首次大致的实验就能证明在实际中可以运行。而创新是将新产品、工艺、方法或制度引用到经济中去的第一次尝试。创新和发明的区别正如在商业条件下“工作”和在实验室条件下“工作”一样。正如熊彼特所说的，从发明过程到商业引进的衔接上会出现多次的脱节，在从实验室规模过渡到实用规模中遇到的问题使得许多很好的构思不得不取消，出现未曾设想到的“缺陷”是一条规律而不是在运用发明中出现的例外（Freeman，1982）。因此，发明和创新是完全不同的概念，发明强调的是“创造新东西”，创新不是“创造新东西”的简称，而强调的是新的商业应用，是一个经济概念。发明可以产生创新，但创新不一定来自于发明。

2. 创新和研发（R&D）

我国国家统计局对研发概念做了权威的、详细的界定①。研发是研究与试验发展（research & trial development）的简称，是指在科

① 参见《中国科技统计年鉴2009》的指标解释。

学技术领域，为增加知识总量以及运用这些知识去创造新的应用进行的系统的、创造性的活动，包括基础研究、应用研究、试验发展三类活动。（1）基础研究是指为了获得关于现象和可观察事实的基本原理的新知识（揭示客观事物的本质、运动规律，获得新发现、新学说）而进行的实验性或理论性研究，它不以任何专门或特定的应用或使用为目的。其成果以科学论文和科学著作为主要形式。（2）应用研究是指为获得新知识而进行的创造性研究，主要针对某一特定的目的或目标。应用研究是为了确定基础研究成果可能的用途，或是为达到预定的目标探索应采取的新方法（原理性）或新途径。其成果形式以科学论文、专著、原理性模型或发明专利为主。（3）试验发展是指利用从基础研究、应用研究和实际经验所获得的现有知识，为产生新的产品、材料和装置，建立新的工艺、系统和服务，以及对已产生和建立的上述各项作实质性的改进而进行的系统性工作。其成果形式主要是专利、专有技术、具有新产品基本特征的产品原型或具有新装置基本特征的原始样机等。在社会科学领域，试验发展是指把通过基础研究、应用研究获得的知识转变成可以实施的计划（包括为进行检验和评估实施示范项目）的过程。人文科学领域没有对应的试验发展活动。

从上述可以看出：（1）研发的目的是增加知识总量和运用这些知识去创造新的应用；（2）研发的成果形式主要是科学论文、专利、产品原型和原始样机等。而创新的目的是获取超额利润，其成果形式是大规模生产的新产品、已经采用的新工艺、已经实施的新制度等。显然，创新和研发是不同的概念：创新是一个经济过程，而研发是一个技术过程，但两者也有关联的部分，研发的第三类活动——试验发展——与创新活动是非常接近的，已经在强调应用，为进一步商业化做好准备，这可能是许多学者将研发概念和创新概念不加以区分使用的原因。在实践中，研发活动成功商业化的很少。Blake（1978）指出，在技术上成功的 R&D 项目，其中约 45% 无法成功商业化，主要原因是其市场收益无法保证；在进行商业化的 R&D 项目中，约有 60% 在经济上是无法获利的。

二、创新战略选择的概念

Freeman（1987）将企业创新战略类型分为：领先创新战略、跟随创新战略和模仿创新战略。领先创新战略是指企业通过技术创新，率先开发出某一新产品，并在市场中一段时期内保持领先优势，即取得较大的市场份额和较高的垄断利润。跟随创新战略是指企业跟随同一产业主导企业开展相应的技术创新活动，主要方式是通过对主导企业的新技术和新产品加以选择、改进和提高，并在降低制造成本和拓宽市场方面做出更多努力。模仿创新战略是指企业通过学习、模仿率先创新者的创新思路和创新行为，吸取率先创新者的经验和教训，引进或破译率先创新的核心技术和技术秘密，并在此基础上进一步完善的创新形式。Zahra and Das（1993）认为，创新战略主要包括四个领域：企业理想的创新领导定位（也就是成为一个领导者还是一个跟随者[①]）、对产品创新和工艺创新的重视程度、内外部资源的使用程度以及创新投资的强度。从中可以看出，创新战略实际上是企业对创新的一种定位。

面对各种各样的创新，对于企业来说，一个非常重要的问题是选择合适的创新，创新选择决定了企业基本能力的特征和程度。张晗（2008）认为创新战略选择是指对创新

① 采取领先创新的企业希望尽早进入市场获得领先优势，赢得良好的形象，获得较大利润。跟随创新的企业在领先者开发出新产品，进入市场后，采取快速模仿战略，开发出与领先者相同或相似的产品，参与市场竞争，倾向于与领先者分享市场利润。

对象、水平、结构及其发展过程的预测和确定，是创新战略的具体化。本书认为，创新战略选择实际上是对各种创新形式和类型的一种取舍和选择，结合现有的创新类型分类方法，其具体包括：（1）根据创新的主体来分，企业是选择自主创新还是合作创新；（2）根据创新的对象来分，企业是选择产品创新还是工艺创新；（3）根据创新的程度来分，企业是选择突破性创新还是渐进性创新[①]。

第三节　研究思路及结构安排

一、研究思路

目前许多学者已经认识到公司治理结构对创新的影响，进行了大量的研究，主要集中在两个方面：一是将创新看做一种经济过程，并且具有风险性特征。这些研究直接分析了公司治理结构和创新的关系，如企业所有权结构和

① 其实，突破性创新和渐进性创新与 Zahra and Das（1993）所讲的创新领导定位有着密切关系，如果企业一旦取得突破性创新，其更可能成为行业的领导者，如果进行渐进性创新则更可能成为跟随者。

创新之间的关系、董事会结构和创新的关系、管理层特征和创新的关系等[①]。二是将创新看做一种技术过程，受企业的知识存量、学习能力、技术特征等因素影响。这些研究主要分析公司治理结构是否能够促进企业提升知识存量、学习能力等，从而分析对企业创新活动的影响。例如，不同治理结构通过探索型学习与应用型学习来影响企业创新选择（魏泽龙、王龙伟、李垣，2008）、公司治理结构通过经营者管理创新能力的发挥来影响企业创新选择（郭海、李垣，2006）等。

在第一个方面的研究中，这些研究没有深入分析公司治理结构影响创新的具体机制，对其中的“黑箱”分析很少。同时，其理论基础主要是基于代理理论，忽视了其他的重要理论，特别是近年来兴起的与代理理论完全不同的管家理论，因而其解释力正受到越来越多的挑战（Davis，Schoorman，Donaldson，1997）。对于第二个方面的研究，将创新看做一个技术过程，而不是一个经济过程，从而忽视了创新的商业化特征（Freeman，1982）。实际上，即使研发出来的产品质量再好、技术含量再高，

① 具体可参见徐金发、刘翌（2002）和杨建君（2007）等人的综述。

如果不能带来企业利润或商业上的成功，都不能属于成功的创新，对于企业和消费者来说都是没有意义的。

本书从创新是一个经济过程的角度出发，将创新看做一种风险性决策行为，因此，在创新战略选择的决策过程中，企业管理者的偏好和认知能力无疑是至关重要的。那么哪些因素会影响管理者偏好和认知能力呢？本书认为董事会治理作为公司治理结构的核心，起着非常关键的作用。结合董事会职能理论，在代理理论和管家理论的基础上，本书将董事会治理行为分为控制型模式和协作型模式（具体详见第三章）。不同的董事会治理模式对管理者创新决策的影响是不同的。

此外，企业创新战略是一个多层次、多角度的系统工程，现有研究大都停留在将战略看做一个整体来研究其对企业绩效的影响。实际上，不同类型的创新选择对企业绩效的影响是不同的。目前关于具体创新对企业绩效影响的文献还比较少，本书将系统研究不同类型的创新选择对企业绩效的影响效应。

本书具体研究思路的示意图如下：

二、结构安排

（一）文章结构

首先对相关文献进行综述和梳理，在此基础上提出现有文献的不足以及对本研究的启示。其次在董事会职能理论以及代理理论和管家理论等基础上，将董事会治理行为分为控制型治理模式和协作型治理模式两种，并分析了董事会治理行为对企业创新战略选择的影响，以及创新战略选择对企业绩效的影响，在此基础上提出了本书的研究假设。接着对本书的实证研究进行了设计，并进行了实证分析。最后对实证结果进行了解释。具体框架结构如下（见图1－3）。

（二）内容安排

全书共分七章。第一章是导论，阐述了本书的研究背景、研究思路、结构安排和创新点。创新正日益被各个国家和企业所重视。为了提高整体创新能力，我国提出了建设创新型国家的目标。目前企业已经成为我国创新的主体，但企业创新能力还比较薄弱，需要进一步提高。尽管学者们认为公司治理结构是影响创

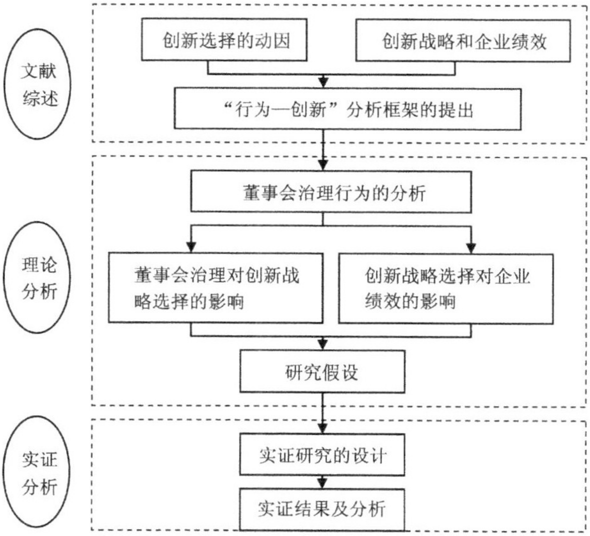

图 1-3 文章的结构图

新的重要因素，但对于具体的影响机制则分析很少，创新战略对企业绩效的影响研究也很少。

第二章是文献综述。首先分别对自主创新和合作创新、产品创新和工艺创新、突破性创新和渐进性创新的概念和选择动因进行分析梳理，接着对有关创新战略与企业绩效关系的文献进行了梳理，最后指出了现有文献存在的不足，及对本书的研究带来的启示。

第三章提出了本书的理论分析框架。首先分析现有的“结构—创新”分析框架的不足，并提出了“行为—创新”分析框架，强调董事会治理行为对企业创新决策的作用。接着在代理理论和管家理论等基础上，将董事会治理分为控制型模式和协作型模式两种。最后分析了董事会治理行为对创新决策的影响。

第四章提出了本书的研究假设。假设分为两个部分：首先具体分析了董事会治理模式对创新战略选择的影响机制，并提出了相应的研究假设；然后具体分析了各种创新类型对企业绩效的影响，并提出了相应的研究假设。

第五章介绍了本书实证研究的设计和方法。首先描述了问卷的设计、样本的选择和变量的设计，并对本书采用的实证研究方法——结构方程模型的原理进行了简要的解释。

第六章是本书的实证分析部分。首先对数据进行了信度和效度的检验，然后进行了模型模拟和假设检验。

第七章是结论与展望部分。首先对本书的实证结果进行了讨论，得出了主要结论，其次指出了本书研究的不足之处，并对未来需要进一步研究的方向进行展望。

第四节 创 新 点

公司治理结构是企业的基本制度，决定和影响着企业经营管理活动。在分析企业创新问题时，越来越多的文献从公司治理结构角度来进行研究。但目前这一领域的研究尚未取得一致性的结论。董事会治理是公司治理的核心，本书重点研究了董事会治理对企业创新战略选择的影响，从而加深了对企业创新选择的认识，为我国企业创新实践提供参考依据。本书的主要创新之处有：

一是对现有的“结构—创新”分析框架的局限性进行了分析，并提出了“行为—创新”分析框架，深化了公司治理结构对创新决策影响机制的研究，打开了其中的“黑箱”。同时，在该分析框架的基础上又研究了创新选择对企业绩效的影响，从而建立了一个完整的“行为—创新—绩效”分析框架。

二是现有的公司治理研究主要是以委托代理理论为基础的，因而具有很大的局限性。本书突破了这一局限，同时考虑了代理理论和管家理论，并在这两种理论的基础上，将董事会治理行为分为两种类型：控制型治理和协作型治理，研究了不同的董事会治理类型对创新选择的影响，提高了理论解释力。

三是现有关于创新选择的分析主要从企业规模、行业竞争、企业资源、技术发展等角度来进行研究，从创新是一种风险性决策的角度进行的研究比较少。本书从决策风险的角度研究了创新战略的选择，并将各种类型的创新选择统一纳入到了该框架中进行分析，拓宽了研究的视角和思路。

第二章

文 献 综 述

创新作为企业构建持久竞争优势的法宝，受到越来越多的重视。与此同时，人们也在关注企业创新决策的影响因素。早期的研究主要将创新作为一个整体来进行研究，但随着创新的发展，人们开始对创新进行了多层次、多维度的细分，以更加深入地研究创新问题、认识各类创新的规律。目前，创新的主要分类有：根据创新主体分为自主创新和合作创新；根据创新对象分为产品创新和工艺创新；根据创新强度分为突破性创新和渐进性创新。企业选择什么类型的创新活动构成了企业创新战略，而创新战略的有效性主要体现在创新对企业绩效的影响效应上。本章首先对各种具体创新选择动因的文献进行梳理，接着对各种创新影响企业绩效的文献进行梳理，最后对现有研究进行评述，并指出对本书研究的启发。

第一节 自主创新和合作创新

根据创新主体来划分，创新活动可以分为自主创新和合作创新。在 2006 年全国科学技术大会上，我国明确提出今后科技工作的指导方针是“自主创新，重点跨越，支撑发展，引领未来”。这 16 个字中，“自主创新”是主线（陈佳洱，2005）[①]。自从我国提出了自主创新的发展战略以来，自主创新概念已为国人耳熟能详，成为一个频繁出现的词汇。

一、自主创新和合作创新的概念

自主创新是一个非常泛化的概念，既有宏观的含义，也有微观的内涵。本书主要从微观

① 我国技术发展经历了较长时期西方发达国家经济封锁的自力更生阶段，经历了改革开放 30 多年来以技术引进与消化吸收为主的阶段，但目前从“技术引进”的实践看，随着技术引进的层次越来越高，技术引进的难度越来越大，产生了大量“买不来的技术”问题，这是我国强调自主创新的现实背景。

角度进行分析[①]，主要分三种观点：

第一种观点是：以我为主的原始性创新，并与模仿创新、引进技术等相对立。傅家骥（1998）认为，“企业创新有自主创新、模仿创新[②]和合作创新三种基本战略思路”，而自主创新是指企业通过自身的努力和探索产生技术突破，攻破技术难关，并在此基础上依靠自身的能力推动创新的后续环节，完成技术的商品化，获得商业利润，达到预期目标的创新活动。雷源忠（2003）提出自主创新是以我为主的原始型创新，是在自己的力量和基础上进行的变革型创新，是形成自己知识产权的技术创新。对自主创新的这种理解，与内生创新

① 我国政府大力提倡自主创新战略，主要是基于国家战略层面的。国家自主创新战略内涵主要包括创新基础设施、产业集群创新环境、科技与产业部门联系质量等，其理论基础是国家创新体系理论（姜宁、魏守华，2009）。Freeman（1987）从国家创新体系角度探讨了二战后日本迅速崛起的成因，Freeman and Hayes（2004）分析了1975~1999年为什么有的国家能够持续技术领先、有的技术后发国家（technology followers）能够实现技术追赶（catch-up）、而有的国家技术却停滞不前（stand-still）的内在原因。这些研究为国家自主创新战略提供了理论来源。国家层面的自主创新是指创新主要由本国完成的，主要技术突破是由本国机构完成的，但不排除是由本国许多企业和机构之间合作完成的。因此，宏观层面的自主创新包括了微观层面的合作创新。

② 他认为，模仿创新是指，“在率先创新的示范影响和利益诱导之下，企业通过合法手段（如通过购买专有技术或专利许可的方式）引进技术，并在率先者技术的基础上进行改进的一种创新形式。”

（endogenous innovation）和独立创新（independent innovation）很相似。内生创新概念由Uwe Walz（1996）提出，并由Andergassen and Nardini（2005）进行了继承和发展，这是一种系统内部自发的行为，不同于模仿创新、外部引进等技术创新模式。独立创新概念由Fallel（2003）提出，是指不依赖外部技术创新手段的创新方式。

第二种观点是：自主创新不一定完全要独立创新，只要是由本企业主导的创新活动，且在关键技术上由本企业掌握知识产权就是自主创新。陈劲（1994）认为技术发展包括技术吸收、技术改进和技术自主创新三个阶段，自主创新是继技术吸收、技术改进之后的一个特定的技术发展阶段。彭纪生等（2003）认为，自主创新主要依靠企业自身力量完成创新全过程，关键技术上的突破由本企业实现。

第三种观点则比较综合，包括了前两种情况。陈佳洱（2005）和徐冠华（2006）认为，自主创新包含三个层次的含义：一是原始创新，在科学技术领域努力获得更多的科学发现和技术发明；二是集成创新，使各种相关技术成果融合汇聚，形成具有市场竞争力的产品和产业；三是在广泛吸收全球科学成果、积极引进国外先进技术的基础上，充分进行消化吸收和再创新。第三种观点既包括原始创新，也不排斥技术引进和模仿创新等。这种概念与内部创新（internal innovation）比较相似。内部创新是相对于外部创新（external innovation）而言的，是指企业运用自身的资源与能力来开发新的产品或服务的实践，是在企业内部进行的创新，而外部创新是指通过兼并、收购等方式获得的创新（Hitt，Hoskisson，Johnson，Moesel，1996）。

国外学者较少采用合作创新这一概念，而是使用研究开发合作（R&D cooperation）、合作研究（cooperative research）、共同研究开发等概念，可能有以下两方面的原因：（1）美国 1984 年通过的《国家合作研究法案》（NCRA）将合作限制在产品和技术的原型开发阶段，以避免企业在生产、销售阶段的勾结行为和最终产品市场上的垄断。（2）西方发达国家产业发展水平较高，产品技术含量较高，企业的技术创新合作倾向于创新前期阶段，即研究开发阶段，而在创新后期即工程化、商业化阶段进行竞争，以实现产品的差异化（罗炜、唐元虎，2000）。

国内学者普遍认为，合作创新是指企业间或企业、研究机构、高等院校之间的联合创新行为。合作创新通常以合作伙伴的共同利益为基础，以资源共享或优势互补为前提，有明确的合作目标、合作期限和合作规则，合作各方在技术创新的全过程或某些环节共同投入，共同参与，共享成果，共担风险。合作创新一般集中在新兴技术和高新技术产业，以合作进行研究开发（R&D）为主要形式（傅家骥，1998）。赵兰香等（2002）从广义和狭义两个角度论述了合作创新的内涵，指出：广义的合作创新是指企业间或企业、研究机构、大学之间的联合创新行为，在新构思形成、新产品开发以及商业化等某个阶段的合作都可以视为合作创新。狭义的合作创新是指以合作研究开发（cooperative R&D）为主的一种基于创新的技术合作契约关系，是企业、科研机构、高等院校之间为了共同的研发目标投入各自的优势资源而形成的合作契约安排。

合作创新可以采用不同的形式。周赵丹等（2003）认为合作创新可分为合同、技术许可证（技术互换协议）、联合研发、战略联盟、合资5种形式。日本学者首藤信彦根据企业在技术资源方面的组合方式，把合作创新联盟分为5种类型：交叉型联盟（处于不同行业的企业进行技术资源组合）、竞争战略型联盟（竞争对手企业在特定研发领域结成联盟）、短期型联盟（拥有先进技术的企业与拥有市场优势的企业联盟)、环境变化适应型联盟(多个企业为适应市场环境变化,大规模合理调配技术资源)、开拓新领域联盟(多个企业共同提供某种技术资源,开发新产品)。

目前,人们对自主创新和合作创新概念的理解还存在较大的分歧和不一致。本书认为对这两个概念理解时,需要避免以下误区:(1)自主创新不等于关起门来搞创新。坚持自主创新,绝不是排斥技术引进,不应仅指原始性创新,也应该包括在技术引进和吸收消化基础上的创新,甚至是模仿创新,否则可能会出现"小农创新"。(2)对于合作创新,不能仅仅局限于合作研发,也应该包括后续的市场化、商业化等阶段的创新。(3)自主创新和合作创新的概念应该从创新的主体来区分,而不应该根据创新的内容、创新的程度等方面来区分,只要创新的主体是企业本身或主要依靠企业本身的力量,都应该属于自主创新;如果创新是由企业与其他主体共同进行的,那么就应该属于合作创新。

二、自主创新和合作创新的选择动因

企业究竟选择自主创新方式还是合作创新方式,目前的研究从不同的角度进行了分析,

主要的研究角度有:

(一) 战略导向

赵更申、雷巧玲、陈金贤和李垣(2006a)探讨了不同战略导向与技术创新方式选择之间的关系。他们将战略导向分为企业家导向和市场导向,前者强调制造变化,后者则强调适应变化、利用变化。他们将企业家导向、市场导向、自主创新及合作创新统一于一个分析框架之下,探讨了不同战略导向与技术创新方式选择之间的关系。分析结果表明,企业家导向有利于自主创新而不利于合作创新;市场导向虽然也有创新的偏好,但由于是适应性的创新,所以既不利于自主创新,也不利于合作创新。因而,企业家导向可以有效提高企业的自主创新能力,从而提高创新效率,使企业在动态竞争的环境下不断创造竞争优势。赵更申、雷巧玲、陈金贤和李垣(2006b)的实证分析基本证实了上述的结论,但企业家导向不利于合作创新没有通过显著性检验,其原因在于具有企业家导向的企业家们虽然具有创新的意识,但可能由于我国企业所面对的整个外部经济环境处于转型期,企业所遇到的不确定因素太多,使得企业家在需要决策时又常常犹豫不决,导致企业家导向与合作创新之间虽仍然呈现负向关系，但这种关系不显著。

（二）内部控制

内部控制可以分为战略控制和财务控制（Hitt，Hoskisson，Johnson，Moesel，1996）。战略控制是从公司战略发展的角度出发，以长期的以及与公司战略相关的标准来评价管理人员的行动和绩效；财务控制方式更为关注财务收益，一般使用较为短期的财务标准来评价业务层管理人员的行为和业绩。内部控制战略的不同对企业选择自主创新还是合作创新会有很大的影响。

王龙伟、杨建君和李垣（2007）研究了战略控制对企业技术创新选择的影响关系。战略控制以长期的、与公司战略发展相关的标准来评价企业员工的行为和绩效，因此战略控制的长期导向性使得这类企业的管理者在评价中基层员工的绩效时，往往根据后者所制定的战略以及中基层员工的战略性行为，而不是他们的短期财务绩效来进行评定，这对于见效周期长、风险大的自主创新是所必不可少的。因此，重视战略控制的企业在开展技术创新时，更倾向于采用自主创新的方式。

杨东、李垣、廖貅武（2007）研究了控制机制对自主创新过程的影响。采用战略控制，高层和各业务部门之间存在着充分的信息共享，那么高层就可以及时搜集到市场信息，使得高层可以及时、准确地调整战略决策，同时高层可以更有效地监督研发项目的实施进程，有效地发挥技术能力的作用，从而促进企业的自主创新。因此，战略控制可以正向调节技术能力对自主创新的影响作用。采用财务控制会使员工只注重财务产出，员工不会投入巨大的精力去积累相关的经验知识，从而会限制技术能力的发挥。因此，财务控制会负向调节技术能力对自主创新的影响作用。

（三）交易成本

企业的技术创新可分为三种模式：内部开发、市场交易和合作开发（in - house R&D, outsourcing and alliances）。从本质上说，技术是一种商品，技术合作是一种“交易”，是一种以契约为基础的技术交易。但技术商品与一般商品相比却存在着巨大的差异：（1）技术是一种无形商品，购买者由于有限理性的存在，很难对它的质量作评价；（2）技术所带来的绩效存在着高度的不确定性；（3）技术交易是一种专用知识的交易，参加交易的人数有限；（4）在技术交易的过程中存在着很强的机会主义倾向。按照交易成本经济学的观点，组织对市场的替代其根本原因在于交易成本的存在，而交易成本的高低则取决于商品的属性。按照威廉姆森的观点，技术商品的上述特殊性决定了它是那种存在高额交易成本的商品，因此“纯市场”的方式并不是技术交易的最佳途径（郭晓川，1998）。那么企业究竟是选择自主创新还是合作创新呢？关键是取决于两种创新方式的成本比较。

郭晓川（1998）认为，在现代技术与市场条件下，由于多变的技术与市场环境使得研究与开发（R&D）的成本急速上升，同时更新周期加快，内化式的技术创新（也即自主创新方式）面临着较快的成本上升压力和创新失败风险。由此，自主创新并非是一种最优的途径。技术的特殊属性决定了需要设计一种特殊的组织形式来实现技术的交易。这种组织形式要求建立一种特殊的企业间“关系”，这种关系不同于市场机制中纯粹的“买卖关系”，也不同于企业内部的“层级关系”，而是一种以重复交易为前提，建立在信任基础之上的长期合作、相互沟通、彼此信任、共担风险、合理划分收益的特殊合作关系。

罗炜、唐元虎（2001）认为，作为一种特殊的经济行为，合作创新与自主创新相比存在着特殊的交易成本：沟通成本、谈判签约成本、履约成本、合作失败的风险成本。而合作创新的这些交易成本则受六个变量的影响：合作类型、合作组织模式、合作涉及的技术领域、合作伙伴数量、合作经验、技术生命周期所处的阶段。

Robertson and Gatignon（1998）研究了影响这两种交易方式成本的因素：资产专用性（asset specficity）、外部不确定性（external uncertainty）、行为或内部不确定性（behavioral or internal uncertainty）。如果现有资产的专用性越强，企业越有可能自主创新，而不是合作创新；如果市场需求不确定性越大，企业越可能进行自主创新而不是合作创新；如果技术不确定性越大，企业越可能进行合作创新而不是自主创新；如果创新绩效的衡量越困难，企业越可能进行自主创新而不是合作创新。

除了上述从战略导向、内部控制和交易成本三个角度来分析创新方式的选择外，其他诸如创新投入规模、创新技术能力等也会影响自主创新和合作创新的选择。如果创新所需要的投入太大，可能单个企业无法独立承担，就会选择与其他机构进行合作创新；反之则可能选择自主创新。如果企业自身的技术能力较弱，企业就会选择与其他机构合作创新，并且通过合作创新来不断学习，加强知识积累，提高自身的创新能力；如果企业在某些方面技术力量薄弱，通过合作创新可以相互弥补，从而提高创新效率。

总体上来看，目前关于自主创新和合作创新的选择动因方面的文献还比较少，随着我国自主创新战略的提出以及企业对自主创新的重视，近年来自主创新开始引起国内学者们的重视。

第二节 产品创新和工艺创新

根据创新对象，创新可分为产品创新和工艺创新。产品创新和工艺创新很早就引起人们的重视了。熊彼特提出的五种创新情况，其中的第一种和第二种，即创造一种新产品和采用一种新的生产方法，实际上就属于产品创新和工艺创新。

一、产品创新和工艺创新的概念

产品创新和工艺创新之间的区别是非常明

显的[①]（Utterback and Abernathy，1975；Cohen and Klepper，1996a）。工艺创新是指提升产品的质量，或者生产效率的提高。产品创新是指产出的差异化，提高商品的质量和种类，从而增加需求和企业增长的机会。产品创新更多关注市场，主要是客户驱动的，而工艺创新主要由效率驱动的（Utterback and Abernathy，1975）。Bayus（1995）认为，产品创新是需求刺激型的（demand - stimulating），工艺创新是成本节约型的（cost - reducing）。Cohen and Klepper（1996a）指出，对于每一种产品，工艺创新和产品创新出现都是为了提高企业的价格—成本差（price - cost margin），工艺创新是为了降低企业的平均生产成本，产品创新则由于增加或提升了产品的特征而提高了产品的价格。

国内学者傅家骥等（1998）对产品创新和工艺创新的概念进行了界定。产品创新是指技术上有变化的产品的商业化。按照技术变化量的大小，产品创新可分成重大（全新）的产品创新和渐进（改进）的产品创新。产品用途及

① Schmookler（1966）提出的“产品技术（product technology）”和“生产技术（production technology）”概念与产品创新和工艺创新非常接近，所谓产品技术是指如何创造和改进产品的知识，生产技术是指如何生产这些产品的知识。

其应用原理有显著变化者可称为重大产品创新。渐进（改进）的产品创新是指在技术原理没有重大变化的情况下，基于市场需要对现有产品所作的功能上的扩展和技术上的改进。工艺创新是指产品的生产技术的变革，它包括新工艺、新设备和新的组织管理方式。工艺创新也有重大和渐进之分。工艺创新与提高产品质量，降低原材料和能源的消耗，提高生产效率有着密切的关系。

总之，人们对产品创新和工艺创新概念的理解非常一致，产品创新是指产品种类的增加、性能的提升等，从而更能满足消费者的需求，工艺创新是指产品生产的工艺、流程和设备等优化和更新，从而提升生产效率。一个典型的产品创新和工艺创新例子是来自航空业的（Filippini and Martini，2007）。飞机的速度代表质量，而飞机体积与成本密切相关，更大的体积产生的平均运营成本更低。2002 年，波音和空客做出了不同的创新战略选择。空客决定生产世界上最大的飞机——A380（有 555 个座位，有可能扩展到 800 个座位），而波音决定追求速度而不是体积，努力发展它的“声速巡洋舰”（sonic cruiser）（有 250 个座位，能够以 98% 的音速飞行）。波音追求速度而不是体积，是因为波音认为未来航空市场的主要增长来自高质量的需求（也即点对点之间的快速和频繁飞行），相反，空客追求体积而不是速度，是因为他们认为低成本的大型客机（super jumbo）将连接世界主要机场。

二、产品创新和工艺创新的选择动因

自20世纪70年代以来，学者们开始关注产品创新和工艺创新，并对企业选择产品创新和工艺创新的动因进行研究。现有研究从不同的角度进行了分析，取得了丰富的研究成果，主要包括产业发展阶段、市场特征（市场竞争）、企业规模、管理者偏好等。

（一）产业发展阶段

Utterback and Abernathy（1975）、Abernathy and Utterback（1978）提出了产品—工艺的生命周期模型（以下简称AU模型），该模型成功地融合了产品生命周期各阶段、生产工艺发展各阶段和企业竞争战略之间的相互关系。根据产品创新和工艺创新的相互关系，他们将创新模式划分为三个不同的阶段：非协调阶段（the uncoordinated）、分割阶段（the segmental）和系统阶段（the systemic），见图2－1。

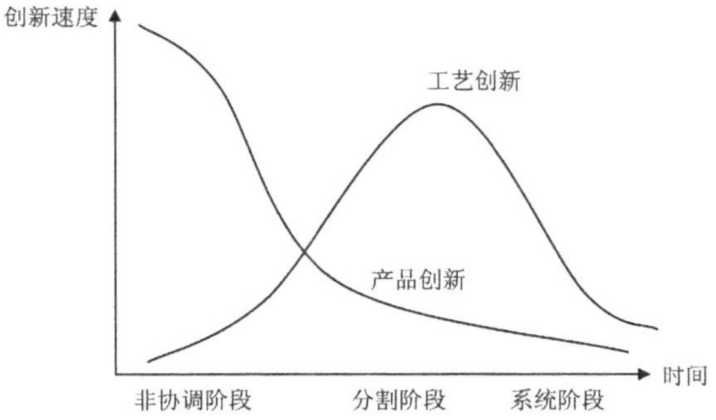

图 2－1　不同产业发展阶段的产品创新和工艺创新

创新过程的第一个阶段是非协调阶段，其特征是产品设计的频繁变化、相关工艺生产率低下。这个阶段，主导产品设计还没有出现。由于生产工艺是非协调的、缺乏整合，因而对产品改进的约束少。产品特性的频繁变化反过来也阻碍了工艺的标准化，从而导致很高的生产成本。

在主导产品设计出现后，企业就进入了分割阶段。专业化的生产装备被引进，与生产工艺有关的创新速度在提升，工艺流程之间变得更加协调。这个阶段，要求工艺进行根本性变化的产品创新没有，产品创新的速度在下降。生产成本在下降，从而导致销售和生产量不断提升。

在系统阶段，企业采用了复杂的、高度整合的技术方案，生产系统标准化程度很高，成本最小化成了重要目标。产品和工艺之间的紧密联系出现了，产品创新和工艺创新相互依赖程度越来越高。标准化的工艺降低了产品和工艺系统发生根本性变化的可能性，产品创新和工艺创新的速度在不断下降。

AU 模型各阶段的主要特点见表 2－1。

表 2－1　　AU 模型各阶段的主要特点

特点＼阶段	非协调阶段	分割阶段	系统阶段
竞争重点	产品功能、性能	产品多样化	降低成本
创新激励	用户需求和技术信息	建立竞争优势的愿望	竞争压力
主要创新类型	频繁的重大产品创新	重大工艺创新	渐进性创新
生产方式	多种方式小规模生产，生产地点接近用户或创新源	产品设计较稳定，有一定的生产规模	标准产品大规模生产、高度专业化
生产工艺	柔性大、效率低、易于进行重大创新	逐渐具有刚性	效率高、资本密集、刚性大、转换成本高
设备	通用设备，需要技术熟练的劳动力	有些过程实现自动化	专用设备，自动化程度高
材料	多采用现有材料	购买专门材料	购买专门材料，或实现垂直一体化生产
组织管理	非正式组织，强调企业家精神	通过项目小组进行控制，强调协调	强调组织结构、目标和程序

资料来源：傅家骥等（1998）。

在 AU 模型的基础上，后来的研究者结合一些新的因素，把市场创新、长周期状况、技术突变、产品生命周期、需求生命周期、不同国家的发展轨迹等方面因素都纳入了技术创新研究框架，取得了深入的进展，对模型进行了丰富和发展（姚志坚、吴翰、程军，1999）。AU 模型的研究已经超越了对产品和工艺两种创新形式分布的孤立的研究。

（二）市场特征（市场竞争）

市场竞争是创新的重要影响因素，那么究竟对产品创新和工艺创新会有什么具体效应呢？这个问题引起了许多的关注。Bonanno and Haworth（1998）将竞争分为两种模式（regimes）：伯川德竞争（Bertrand competition）和古诺竞争（Cournot competition）。在伯川德模式下竞争企业的决策变量是价格，在古诺竞争模式下企业的决策变量是产量[①]。他们发现，竞争模式可以解释一个企业为什么决定采用产品创新，而不是工艺创新，或者相反。他们在一个垂直差异化寡头（vertically differeniated duopoly）模型中研究了这个问题，其中仅有一

① 由于古诺竞争相比伯川德竞争会导致较低的产量和较高的价格，可以认为前者的竞争没有后者激烈。

个企业能够创新。他们的结论表明，假如创新者是生产高质量产品的企业，在伯川德竞争模式下，它倾向于选择产品创新，而在古诺模式下，则会选择工艺创新。相反，假如创新者是生产低质量产品的企业，在伯川德竞争模式下会选择工艺创新，而在古诺模式下则会选择产品创新。

Filippini and Martini（2007）拓展了Bonanno and Haworth（1998）的分析，考虑了在一个垂直差异化的寡头垄断环境下，产业中所有的企业是如何同时选择产品创新或者工艺创新的。他们分析了在两种竞争模式下，会存在三种创新博弈的均衡结果：两个是对称的（两个企业要么都选择产品创新，要么都选择工艺创新），一个是不对称的，在伯川德竞争下，生产高质量产品的企业会选择产品创新，生产低质量产品的企业会选择工艺创新；在古诺竞争下则相反，生产高质量产品的企业会选择工艺创新，生产低质量产品的企业会选择产品创新。

Rosenkranz（2003）利用水平差异化（horizontal differeniated）[①] 的古诺寡头模型，研究了

① 对于产品创新来说，水平差异化主要是指产品种类的增加，垂直差异化主要是指产品质量的提升。

两个竞争者如何投资产品创新和工艺创新。她认为企业通常都有一个 R&D 项目组合（a portfolio of R&D projects），一些项目是针对工艺创新的，一些是针对产品创新的，企业为了应对竞争，会选择一个最优组合（an optimal mix）。她认为，消费者的保留价格（reservation price）提高会引起两个企业增加研发投资。假如两种创新的相对效率保持不变的话，企业将会选择产品创新。当市场规模（潜在市场）扩大时，公司通过工艺创新来降低生产成本进行价格竞争的动机是很低的。当市场需要一种不确定的技术，并且潜在市场巨大时，企业产品创新就会变得突出；当产品性能标准化、价格成为影响企业成功的重要因素时，创新的重点就从产品创新转移到工艺创新。

（三）企业规模

Mansfield（1981）发现在一个产业内，随着企业规模的增长，用于产品或工艺创新的 R&D 并没有随之同比例增长。Scherer（1991）发现，在制造业单元中，随着企业规模的增长，工艺 R&D 相对产品 R&D 增加了，销售额每增长十倍，R&D 中用于工艺创新的比例就会出现 10% 的显著提高。

Cohen and Klepper（1996b）认为创新回报

一般与当前企业规模相关。产品创新可以从授权（licensing）和促进更快的增长中获得比工艺创新更大的回报，因此，相比工艺创新，产品创新的回报很少取决于当前企业规模，这会导致大企业的工艺创新比产品创新拥有更多的成本分摊优势（cost - spreading advantage）。工艺创新是不能被授权的（licensed），或者不能以独立形式（in disembodied form）出售给行业中的其他企业。Levin et al.（1987）认为存在两个原因：一是专利在保护产品创新回报方面更加有效，因为工艺创新的产权是很难界定和执行的；二是保密在保护工艺创新回报方面更加有效，因为工艺创新更容易隐藏，不让外界知晓。Fritsch and Meschede（2001）检验了Cohen and Klepper（1996b）的假定，结果表明随着企业规模的扩大，花在工艺创新上的预算比花在产品创新上的更多。这种工艺创新和产品创新的规模弹性（size elasticity）差异在同时考虑这种创新时显得更加突出，尽管这种差异在统计上还不是显著的。平均来说，小企业会花更大比例的研发预算在新产品创新上，这个结论也意味着产品创新比工艺创新更适合作为一种进入市场的手段。

Yin and Zuscovitch（1997）使用多产品企业的寡头模型，分析了不同的创新激励导致大企业投资更多资源进行工艺创新，而小企业投入更多资源进行新产品开发而不是工艺开发。正是这种研发行为的差异，大企业在创新后的市场中，对原有产品仍然保持主导地位，而小企业在新的产品市场中更可能成为领导者。

（四）管理者偏好

Cellini，Lambertini and Sterlacchini（2009）开创性地从管理者角度来分析企业选择产品创新和工艺创新的动因。他们假定企业最大化的目标是利润和产出的线性组合。根据 Vickers（1985）的分析，赋予产量目标的权重可以被理解为“管理者激励”（managerial incentive），即管理者追求产量的最大化。他们的分析表明，管理者激励越大，企业对工艺创新的投资就越大，而用于产品创新的投资就越小。由于管理者偏好产量扩张，当工艺创新能够很容易并且全部内部化创新的投资收益时，工艺创新无疑是很有吸引力的。产品创新则不然，它会外溢到竞争对手，产品特征会在很大程度上被复制。此外，产品质量的提高，必然会引起价格上升，从而会导致产量下降，这与管理者对产量扩张的偏好正好相反。因此，管理者过度投资工艺创新，而对产品创新则投资不足。

以上分析可以看出，有关产品创新和工艺

创新选择动因的文献比较多，主要从产业发展阶段、市场竞争程度、企业规模和管理者偏好等多个角度来进行研究，关注点既有企业面临的外部环境，也有企业自身的特征，并且开始出现从管理者决策的角度进行的研究。

第三节 突破性创新和渐进性创新

近十年来，突破性创新问题备受重视。Christensen（1997）在研究为什么许多优秀公司最后失败时，指出其原因就是忽视了突破性创新。张洪石等（2005）通过回顾技术发展史后提出，突破性创新是后发国家实现科技经济赶超的根本，同时从企业兴衰的角度指出，突破性创新是新兴小企业战胜成熟型大企业的利剑。与突破性创新相对应的是渐进性创新概念。

一、突破性创新和渐进性创新：概念和比较

人们最早区别突破性创新和渐进性创新是从技术角度来定义的。突破性创新是指能够代表技术发生革命性变革的重大创新，它们明显

不同于现有的技术实践（Duchesneau，Ohn and Dutton，1979；Ettlie，1983）；相反，渐进性创新是指现有技术的细小改进或调整。两者之间的主要区别在于创新所包含的新技术和新知识的程度（Dewar and Dutton，1986）。

企业的创新不可能是仅为了追求技术的先进性，其最终目的仍然是追求利润最大化。Leifer 等（2000）则从商业化（commercialization）的角度来定义突破性创新和渐进性创新。渐进性创新强调现有产品或服务的成本降低或功能改进，主要取决于企业的开发能力（exploitation competencies.）；相反，突破性创新基于新理念、新技术、成本显著降低的新业务或新产品线的开发，主要取决于企业的探索能力（exploration competencies）。他们更进一步明确了突破性创新的概念，指出突破性创新具有带来下述一个或更多成果的创新：（1）一系列全新的性能特征；（2）已知性能特征提高 5 倍或 5 倍以上；（3）产品成本大幅度削减（成本削减 30 % 或 30 % 以上）。

不管从技术角度，还是从商业角度来界定创新概念，都不够全面。Chandy and Tellis（1998）同时从技术和市场两个维度界定了突破性创新和渐进性创新。技术因素决定了新产品中的技术在多大程度上不同于以往的技术，市场因素决定了新产品在多大程度上比已有产品更好地满足客户需求，可以用表 2-2 来表示。

表 2-2　　产品创新类型

		客户需求满足的程度	
		低	高
技术的新颖度	低	渐进性创新	市场突破
	高	技术突破	突破性创新

渐进性创新是指技术的变化很小、给客户新增的好处很少的创新；市场突破是指核心技术与现有产品相似，但能给客户带来很大好处的创新；技术突破是指技术与现有产品存在显著不同，但给客户没有带来大的好处的创新；突破性创新是指技术很新，同时给客户带来很大好处的创新。

这四种创新的差别也可以通过 S 形曲线来表示（见图 2-2）。在初始阶段，当前技术 T_1 是一种新技术，能够极大地提高客户的好处，随着技术逐渐成熟，给客户带来的好处缓慢增长。在技术 T_1 逐步成熟的某个节点，技术 T_2 出现了。最初，技术 T_2 给客户带来的好处要低于技术 T_1，基于技术 T_2 的新产品可以被当做技术突破 a，但随着技术 T_2 的成熟，其给客户带来的好处迅速上升，在某一点会超过技术 T_1。在点 b，基于技术 T_2 的产品就是突破性创新。面临着技术 T_2 的威胁，T_1 的支持者做一些努力以提高技术 T_1 给客户带来的好处，这些努力可能导致市场突破 c 或渐进性突破 d。但这种改进却无法赶上技术 T_2，最终技术 T_1 被技术 T_2 取代。随着时间的流逝，技术 T_2 也会被新的技术取代，这种循环会一直重复下去。

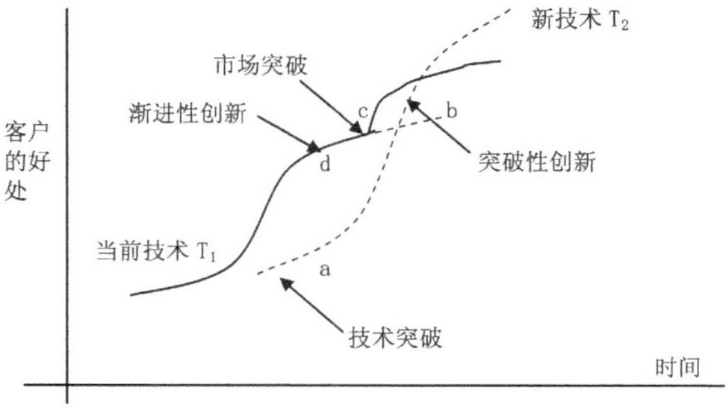

图 2－2　突破性创新和渐进性创新的演变过程

Koberg 等（2003）从创新产生的影响角度，认为渐进性创新是影响幅度小的创新，主要包括：程序性的（规则和程序方面的创新）、人员相关的（人员选择和培训政策以及人力资源管理实践的创新）、流程性的（生产或制造的新方法）、结构性的（装备和设备的升级，组建工作单位的新方法）；突破性创新是指影响范围广和幅度大的创新，包括战略性创新和创造新产品、新服务和新市场。

上述对突破性创新和渐进性创新的界定和比较主要是理论层面的，在企业进行实际创新实践时，两者在创新目标、创新重点、不确定性、组织结构等许多方面都存在很大的差异，具体参见表2－3。

表2－3　突破性创新和渐进性创新的多角度比较

比较项目	渐进性创新	突破性创新
创新目标	维持与加强现有市场地位	改变游戏规则，实现跨越
重　点	原有产品成本和性能的提高	开发新产业、产品、工艺
技　术	现有技术的开发利用	研究探索新技术
不确定性	低	高
技术轨道	线性的、连续的	发散的、不连续的
商业计划	创新开始即制订计划	基于探索性学习而演化
新思想产生与机会识别	在前一创新末期产生	偶发于整个生命周期
主要参与者	正式的、交叉功能的团队	具有多种知识结构的个人，非正式的网络
过　程	正式的阶段模型	早期阶段为非正式的柔性→后期阶段为正式的柔性
组织结构	在业务单位内部运转的跨功能项目小组	思想→孵化器→目标驱动的项目组

续表

比较项目	渐进性创新	突破性创新
资源与能力	标准的资源配置	创造性获取资源与能力
运营单位的介入	早期的正式介入	早期的非正式介入→后期的正式介入

资料来源：Leifer 等（2000）。

尽管突破性创新和渐进性创新的分界线一直就没有清晰过（Henderson & Clark，1990），但人们对两者的认识经历了一个从简单到深入、从片面到全面的过程，从早期仅仅关注创新的技术因素，到关注创新的市场因素，再到当前同时关注技术因素和市场因素。

人们不仅理论上的认识在深化，实践中的认识也在不断加深。以摩托罗拉铱星计划为例。美国摩托罗拉公司耗资 60 多亿美元设计的铱星移动通信系统，是一种全球性卫星移动通信系统，它通过使用卫星手持电话机，通过 66 颗卫星可在地球上的任何地方拨出和接收电话讯号。尽管其采用的技术非常先进，但并没有得到客户的认可，且成本高昂，导致了从正式宣布投入使用到终止使用不足半年时间。因此，铱星计划就是一个典型的技术突破，而不是突破性创新，这也给许多公司的创新实践提供了一个鲜活的教训。

二、突破性创新和渐进性创新的选择动因

从理论上说，虽然渐进性创新没有显著利用新的科学原理，但随着时间的流逝，也会逐渐产生巨大的积累性经济效果，相对于突破性创新给企业带来的巨大风险与困难，许多公司经营者倾向于采取渐进性创新模式。Lisa Carter 等人的调查发现，直到 20 世纪 80 年代初期，北美地区的公司中有超过 63% 的管理者满足于充当创新的追随者。随着技术的不断进步以及国际经济科技一体化进程的加快，许多实证研究显示，渐进性创新只能维持企业现有产品的竞争能力，当市场出现携突破性创新成果进行竞争的企业对手时，现有的成熟大型公司就可能丧失其市场领先地位（付玉秀、张洪石，2004）。那么究竟有哪些因素影响企业对突破性创新或者渐进性创新的选择呢？

（一）在位者和新进者的因素

创新是在位企业和新进企业进行竞争的重点领域，究竟谁更倾向于渐进性创新、谁更倾向于突破性创新，目前仍然存在着争议。

1. 投资行为的解释

Arrow（1962）指出竞争市场中的企业比垄断市场中的企业有更大的激励去创新。Gilbert and Newbery（1982）则认为这个结论只有在市场进入存在壁垒的时候才是成立的。他们认为，假如没有进入壁垒，具有垄断势力的在位企业会比潜在进入者对新技术投资更多，以延伸目前的市场势力。Gilbert and Newbery（1984a，1984b）认为假如创新是渐进的、当前技术能够替代新技术，那么在位企业比新进企业有更多的积极性投资创新，以维持当前的市场势力。如果创新是突破性的、新技术使得当前技术变得过时了，那么在位企业和新进企业具有同等的激励去创新。

但 Reinganum（1983）则认同 Arrow 的结论，认为在不确定性的条件下，在位垄断企业将比新进企业对创新投资更少，因为它们担心创新会竞食现有产品带来的租金流。Reinganum 指出，假如在位者和新进者具有相同的研究能力，创新具有足够的突破性，那么后者将会取代前者。

2. 研究能力的解释

熊彼特（1942）认为，大企业比新进企业能够更好地利用创新，因为它们在信息获取和技术娴熟的人员方面占有优势。Chandler（1990）也强调了规模经济和范围经济在研究中的重要性，以及给现代跨国公司带来的优势。但越来越多的学者认为，在某些时候，过多的经验将是一种严重的劣势（Hedberg，1981；Hannan and Freeman，1984；Tushman and Anderson，1986）。如何调和上面两种对立观点的关键是要理解突破性创新和渐进性创新对于信息处理能力具有完全不同的意义（Henderson，1993）。信息的获取和使用是需要成本的，面对重复性任务，企业会开发出能够降低信息成本的资产。这些资产对于渐进性创新是一种巨大的优势，但对于突破性创新来说，会极大地降低创新效率。因此，大的在位企业比新进企业在进行渐进性创新时更具优势，因为渐进性创新是基于现有知识和能力的，但这些资产将大大降低开展突破性创新的效果。

3. 企业资源的解释

Sorescu，Chandy and Prabhu（2003）从风险和资源的角度比较了突破性创新和渐进性创新。他们认为，突破性创新的风险要大于渐进性创新，那么只有大企业才能更好地处理这些风险。尽管大的在位企业往往内部很官僚、短视、不愿改变现状，从而不愿意进行突破性创新，但有证据表明尽管在二战以前，小企业和新进企业开展了更多的突破性创新，但这种趋势已经扭转了（Chandy and Tellis，2000）。因为突破性创新需要投入大量的资源，而在位企业拥有很多技术、财务和与市场相关的资源，同时在位企业在研发方面存在规模经济和范围经济，从而能够分担研发组合，开展各种技术突破、市场突破和突破性创新。

（二）战略—结构的因素

Ettlie（1983）在研究食品加工业供应商的创新问题时，提出了创新的组织政策模型，指出了环境→政策→创新的因果链（context - causes - policy - causes - innovation）。在研究食品加工业的突破性创新和渐进性创新影响因素时，Ettlie and Bridges（1984）完善了创新的组织政策模型，提出了一个新框架，具体见表 2 - 4。

表 2 - 4　　创新的组织政策模型

	组织战略和规模	组织结构	创新前的条件	创新结果
突破性创新过程	1. 技术政策	1. 技术专家的集中	1. 创新斗士 2. 技术—组织的一致性	1. 突破性工艺创新 2. 突破性包装技术创新

续表

	组织战略和规模	组织结构	创新前的条件	创新结果
渐进性创新过程	2. 市场主导的增长战略 3. 多元化 4. 组织规模	2. 复杂性 3. 正式性 4. 集权		3. 渐进性工艺创新 4. 新产品（服务）的引入

资料来源：Ettlie and Bridges（1984）。

他们认为，对于突破性创新和渐进性创新来说，战略—结构的因果链是显著不同的。对于突破性创新来说，积极的技术政策会导致独特的组织结构安排，最典型的就是技术专家的集中，从而导致突破性创新。但在技术政策和组织结构产生创新之前，还需要一些条件，即组织中要存在创新斗士（innovation champion），他们能够积极倡导创新，同时还要保证创新的属性和组织是相匹配的。

许多研究发现市场驱动的创新大多是渐进性的（Tauber，1974），市场主导的增长战略一般采用传统的组织结构安排，并且产生的是渐进性产品或工艺创新，而不是突破性创新。在内部协作很好（well - coordinated）的组织里，对技术发展进行大规模投资存在着一些压力，而通过多元化则可以维持很高的研发投资，并且能够得到认可，因此产品多元化将导致渐进性创新。

刘石兰（2008）的实证分析结果表明，市场驱动战略对渐进性创新产生正面影响，对突破性创新产生负面影响，而驱动市场战略则相反，对渐进性创新产生负面影响，对突破性创新产生正面影响。

（三）组织特征的因素

关于战略和结构对企业创新影响的研究比较多，而组织特征因素对创新影响的研究则比较少（Brown & Eisenhardt，1998）。很多学者在关于哪一组因素（环境因素、组织因素或者管理者因素）解释组织创新时是最权威或最重要的方面存在分歧，但他们同意每组因素都可以来解释创新（Hambrick & Finkelstein，1987；Hrebiniak & Joyce，1985）。Koberg 等（2003）认为，突破性创新和渐进性创新的频率可以用上述因素的不同组合（different mixes），而不是某一组因素来解释。

Koberg 等（2003）对航空业、电子组件业和通讯业三个产业，从环境（动态性）、组织（企业年限和规模）、结构特征（内部职能间的协作）、流程（即兴创作、实验和项目间转换）、管理层特征（CEO 的年龄和任期）5 个方面进行了跨行业的实证检验。结果发现，组织外部环境的动态性（dynamism）对突破性创新的预测要比渐进性创新更好，动态性越大，突破性创新的频率越大；企业的年限和规模对渐进性创新的预测更好，企业年限越大、规模越大，其渐进性创新的频率也越高；企业内部跨职能协作的次数越多，突破性创新和渐进性创新的频率也就越高；实验对突破性创新的预测更好。

（四）竞食意愿（willingness to cannibalize）因素

企业在进行创新时，必须要考虑新产品对已有产品的综合影响，包括资源、内部流程、人员、市场等。Chandy and Tellis（1998）指出，当企业想要开展突破性创新时，就必须弃用当前使用的资产（包括有形和无形的）和规程，而需要投资构建新的资产和规程。借鉴营销学中的“竞食”概念来表述，企业必须具有很强的竞食意愿，才会实施突破性创新。在营销学中，竞食或销售竞食（sales cannibalization），是指由于新产品的销售导致当前产品销售的下降，新产品和当前产品是一种相互竞争、相互蚕食的关系。

那么，哪些因素会影响企业的竞食愿望呢？Chandy and Tellis（1998）的研究表明，现有的专业化投资、内部资本市场的发达程度、产品负责人的影响力和对未来市场的关注度四个因素决定了竞食意愿。(1) 企业现有的专业化投资越多，那么放弃这些投资的意愿就越弱；(2) 在内部资本市场中，企业分部之间的竞争越激烈，他们开发新产品的愿望就越强；(3) 产品负责人的影响力越大，企业管理层越容易被他们说服，企业就会越愿意开展创新；(4) 企业越关注未来的市场，就越会愿意投资进行创新。

此外，部分学者开始从公司治理的角度探讨突破性创新和渐近性创新的选择动因。如从股权集中度如何通过影响对经理人的短期、长期激励间接影响企业突破性创新、渐近性创新选择（杨慧军、杨建君，2015）。

从现有的研究现状来看，对突破性创新和渐进性创新的选择动因研究比较多，大部分都集中在 20 世纪 80 年代，这与世界范围内科学技术迅速发展、研发创新活动密集频繁有很大的关系。技术变革之快、变化之大使得企业越来越重视突破性创新对市场地位形成和产业格局调整的影响。

第四节 创新战略选择与企业绩效

关于创新和绩效关系的研究中，大部分文献并没有区分具体的创新形式。近年来，随着市场竞争的加剧和对创新研究的深入，人们对具体创新形式影响企业绩效的研究也逐渐增多。本节主要围绕自主创新和合作创新、产品创新和工艺创新、突破性创新和渐进性创新对企业绩效影响进行相关文献的综述。

一、创新绩效的概念和测量

国际上对企业创新的研究中，创新绩效这一概念很少提及，目前也多数是从影响因素及改进的角度开展研究，对创新绩效没有形成明确的定义（陈劲、陈钰芬，2006）。国内外学者对于创新绩效的理解主要集中在投入产出效率和产出结果上，创新绩效体现为创新活动的产出（如专利数量、项目成本、新产品上市时间等）和对企业绩效（如企业利润增长率等）的影响上。高建、汪剑飞、魏平（2004）在国内首次提出技术创新绩效的概念，认为技术创新绩效是指企业技术创新过程的效率、产出的成果及其对商业成功的贡献，包括技术创新产出绩效和技术创新过程绩效。由于对创新活动的产出进行评价通常是针对具体创新项目而言的，本书研究的不是具体的创新项目，因而在绩效分析中选取企业绩效进行研究。

在对创新和企业绩效关系的研究文献中，对企业绩效的分类和概念理解存在很多的争论（Ford & Schellenberg，1982）。传统上的研究只考虑了创新成败的单一维度——财务维度，但这在研究创新绩效中是远远不够的，因为创新绩效有多个衡量标准，没有一个简单的绩效测量能够覆盖绩效的各个方面（Snow & Hrebiniak，1980）。Cooper & Kleinschmidt（1987）一改以往研究对创新绩效测度标准不作深入分析的传统，第一次从财务绩效（相对利润、利润和利润目标、销售额和目标销售额、相对销售额、盈利水平、投资回收期）、机会窗口（关于新产品范畴的机会窗口、与新市场范畴有关的机会窗口）和市场份额（国内市场份额、国外市场份额）三个方面，分10个测度标准界定了创新绩效。从20世纪80年代开始，OECD和欧盟积极推进新的创新绩效指标的建立，在

1993年，创新调查委员会（CIS）应用新的指标对几乎所有的西欧国家进行了创新调查，其中所提出的两个创新绩效指标是：（1）创新产品销售收入占总销售收入的比例；（2）产品生命周期各个阶段里的企业销售收入。可以看出，人们对创新绩效的测量采用了多维度的标准，从而更加科学、全面。

二、自主创新和合作创新与企业绩效

关于自主创新和合作创新对企业绩效影响的文献比较少，近年来人们开始关注这两种创新对绩效的影响。

冯梓洋、张显峰、唐亮（2014）以创业板上市公司为研究样本，并利用面板数据模型来分析自主创新与企业绩效，实证结果表明，自主创新可以显著提高企业绩效。彭灿和杨玲（2009）采用结构方程模型方法，分析了自主创新和合作创新对企业绩效的影响，提出自主创新比合作创新能带来更大的绩效。但他们的实证结果并不支持他们的假设。他们进而认为，产生这一结果的原因可能是，一方面，我国技术发展水平还比较落后，大多数企业缺乏技术创新经验，还不具备进行自主创新所需要的技术、资金及其他方面资源，也不具备承受自主创新所带来的巨大风险的能力。如果企业与外界合作创新可能会弥补企业创新方面的不足，从而比自主创新带来更高的绩效。另一方面，问卷的对象中国有企业所占的比重较大，国有企业参与市场竞争程度相对比较弱，创新的动力不足，自主创新的动力更是缺乏，大多数参与创新的国有企业都是与其他企业合作完成的。Goedhuysa and Veugelersb（2011）对创新战略进行了分类：（1）企业仅自己进行技术开发（make only）；（2）企业通过收购机器和关键人员来获得技术（buy only）；（3）企业既自己开发，也收购技术（make & buy）；（4）企业既不自己开发，也不收购技术（no make & buy）。他们利用世界银行对巴西企业2001～2003年调查的数据进行分析，发现仅自己进行技术开发对促进企业增长是很少成功的。

彭灿和杨玲（2009）、Goedhuysa and Veugelersb（2011）都认为自主创新对企业的绩效影响很小。这与目前合作创新是国际上流行的一种趋势相吻合的。由于当前技术的发展日益表现出不同知识领域相结合的特性，很少有哪个创新能够被归结到某个特定的技术领域。创新过程的日趋复杂化表现在两个方面：一是创新对不同物质资源投入的需求正前所未有的增长；二是创新所需的知识和技能迅速膨胀。因此没有一个企业能够在资源和相关技术领域取得完全优势，企业必须设法获得外部的知识和资源。

此外，企业所有权结构对自主创新和合作创新的绩效也会产生影响。张晗（2008）的实证分析结果表明，股权集中的企业，自主创新的绩效比合作创新的更好，并且如果没有国有股，自主创新的绩效会更好；在股权分散的企业，合作创新的绩效比自主创新的更好。

三、产品创新和工艺创新与企业绩效

Capon, Farley and Hoenig（1990）梳理创新与企业绩效关系时，发现超过2/3的实证研究支持产品创新与公司绩效呈现正相关关系，而剩下的1/3却显示这个关系是负的甚至不相关。Geroski, Machin and Van Reenen（1993）基于721家英国制造业1972～1983年间的数据，分析了企业引入产品创新或工艺创新对企业利润的影响，他们发现这些创新对企业利润产生直接和短暂（direct and transitory）的影响，同时由于创新能够形成企业的内部能力（internal capabilities），从而对企业创造利润的方式产生间接的影响。Chandy and Tellis

(2002) 认为产品创新能够使企业竞争能力大大增强，创造进入壁垒，树立领导地位，获得新客户群体，因此产品创新对企业绩效有显著的影响。Roberts (2001) 分析了产品创新和企业持久盈利能力 (persistent profitability) 的关系，发现创新会产生超出正常水平的利润，证实了是产品创新而不是垄断会导致企业产生持久盈利能力①。

尽管许多研究都支持产品创新对企业绩效有正向影响效应，但也有研究指出产品创新对企业绩效有负向影响。Koellinger (2008) 分析表明产品创新和企业绩效之间是负相关关系。创新企业经常遗憾于竞争者和模仿者从创新中的获利要高于他们本身的获利。例如，苹果公司发明了图形用户界面 (graphical user interface)，但微软的视窗系统却主导了这个市场；苹果公司发明了 PDA (personal digital assistant，个人数码助理)，但 Palm 公司却成了这个市场的主导者。

黄永春、姚山季 (2010) 通过收集 EBSCO、Scinece Direct、Blackwell、ProQuest、中国期刊全文数据库、中国优秀博士和硕士学位论文全文数据库中收录的 2007 年以前发表的

① Roberts 的分析支持了熊彼特的观点。

产品创新和绩效的文献，基于元分析（meta－analysis），研究了产品创新对企业绩效的直接效应，结果发现产品创新与绩效之间存在显著的正向关系。

关于工艺创新对企业绩效的影响研究，相关的文献较少。Prajogo（2006）利用澳大利亚194家企业（包括制造业和服务业）的数据，分析了工艺创新与企业绩效，如销售收入、市场份额和利润等之间的关系，结果表明两者没有相关性。胡川（2006）运用博弈论的方法，分析了工艺创新对市场结构及绩效的影响效应，其分析结果表明随产业内工艺创新企业数目的增加，市场结构由分散向集中的演变，再到变得分散，同时产业内已进行工艺创新的企业将对未进行工艺创新的企业形成竞争压力，表现在未创新企业的产量相对较少、利润相对较低。因此，如果仅仅考虑单个企业进行创新的情况，工艺创新会提高企业的市场份额和利润。马文聪、朱桂花（2011）以广东省399家企业为研究对象，认为不仅产品创新与绩效存在显著正向关系，而且工艺创新对市场绩效有显著的正向影响。

行业的不同也会对产品创新和工艺创新与企业绩效的关系产生很大的影响。Lee，Choi and Choe（2007）认为在制造业中，产品创新的目的是拓展市场或者发展新的市场，并最终寻求更大的价格—成本差，但工艺创新的目的是通过降低生产成本和次品率来提高生产率。他们利用韩国制造业的数据进行了分析，结果表明在短期内工艺创新比产品创新更能导致生产率的提升。然而由于服务业中的创新相对于制造业的创新而言有一些独特之处，因此产品创新和工艺创新对企业绩效的相关重要性可能会存在差异。服务业创新有一个最大的特点即生产和消费之间是紧密互动的（close interaction），这可能会导致产品创新对企业绩效的影响会比工艺创新的影响更大，而制造业中的工艺创新通常会产生更好的绩效。另外，由于服务业内部的差异性非常大，创新类型和绩效的关系可能差异也很大，即一种创新类型对一个服务领域是非常重要的，而对另一个服务领域则不重要。例如，产品创新对于大宗交易服务非常重要，但对运输业则不重要。Lee，Choi and Choe（2010）利用韩国服务业的数据进行分析，发现当将所有服务业纳入模型分析时，产品创新对绩效的影响比工艺创新的影响要更大。同时，他们也发现服务领域创新的差异性和不同创新类型对绩效的影响是一致的。

企业的所有权结构也会对产品创新和工艺创新的绩效结果产生影响。张晗（2008）发现在股权集中的企业，产品创新的绩效比工艺创新的绩效更好，但随着大股东股权比例的增加，产品创新的绩效会下降；如果没有国有股，产品创新的绩效会更好。在国有股集中的企业，国有股比例越高，工艺创新绩效越好。

此外，产品创新组合对企业绩效的影响也引起了人们的关注。企业希望在各种产品创新之间形成合力（creating the synergeies），并且建立竞争优势，但这种合力的形成方式是相当复杂和困难的（Barney，1988）。Hoskisson and Hitt（1990）的分析表明，随着时间推移，产品多元化对企业绩效至多具有中性效应（neutral effect）。

四、突破性创新和渐进性创新与企业绩效

由于渐进性产品创新是以当前顾客需求为基础，其新产品更能适应市场需求，能够比竞争产品给用户带来更多的优质价值，因此，从这些产品中得到需求满足的顾客很可能经常和大量购买企业所提供的其他产品或服务，从而推动销售增长。Tushman and Anderson（1986）指出，渐进性创新随着时间的流逝，会逐渐产生累积性的经济效果。Christensen and Bower（1996）认为，渐进性创新是建立在现有知识、

现有市场和现有技术基础之上，其创新过程进一步强化了在特定模式下的学习行为和知识积累，提高了企业的竞争优势和创新的成功率。但由于自然规律的作用，技术发展都有一定的极限，当渐进性创新进入成熟期后，技术会逐渐逼近发展极限。技术轨道上的技术创新空间由现实技术与技术极限的差距决定，这种差距被称为“技术潜力”。技术潜力越小，研发投入的边际产出也越小，反之亦然。不断地进行渐进性创新会使现有技术向技术极限逼近，技术潜力越来越小，边际产出不断下降，一味地投入资金、设备、人力资源会导致大量资源成为沉没成本，同时资源的不合理分配会阻碍新兴技术的研发，使得企业无法与拥有新兴技术的企业抗衡。

突破性创新具有创造市场、形成顾客偏好、改变顾客基本行为的潜力，人们一旦适应这种根本变化以后，就无法用其他方式来替代。因此，突破性创新能够显著提高企业的盈利能力。突破性产品创新能够改变一个企业的命运，是持久竞争优势的来源，能够显著提高企业的市场优势和增长潜力，对企业利润能够产生更大和持久的影响。Chandy and Tellis (1998) 发现，不论是新兴企业还是在位企业都能利用突破性创新而获益。徐建中等

(2015) 以我国装备制造企业为研究对象，认为突破性创新能从技术、产品、市场、竞争优势等方面提升装备制造企业整体绩效。

Lee, Choi and Choe (2007) 认为突破性创新通常涉及大量知识、开发成本和风险，但是一旦成功将带来技术、生产率和企业业绩的很大提升。而渐进性创新的影响则比突破性创新要小，但它需要的知识、开发成本和风险比较少，成功的概率高。此外，渐进性创新不会引起现有技术和组织内部产生冲突，因此，更可能导致生产率的提升。

刘石兰 (2008) 利用了我国制造业和服务业的数据，采用了结构方程模型方法，实证分析了突破性创新和渐进性创新对企业绩效的影响效应，实证结果表明渐进性创新对市场绩效和财务绩效均产生直接正面影响；突破性创新对市场绩效和财务绩效均产生直接正面影响。

Lu and Chen (2010) 利用计算机模拟实验方法，分析了突破性创新和渐进性创新产生的影响。他们发现采用渐进性创新的企业比采用突破性创新的企业更可能财务绩效要好。同时，他们发现突破性创新对于市场中的“赢家”(winner) 和“输家”(loser) 所产生的效果是不同的。对于赢家，采用突破性创新对提高市场占有率作用有限，但对于输家，则是提供了一个“反败为胜”（to convert defeat into victory）的机会。突破性创新的绩效效应与企业在产业中的地位有关。

可以看出，现有研究充分肯定了突破性创新的作用和影响，但对渐进性创新的作用和影响则存在一定的分歧。

第五节 现有研究的不足及对本研究的启示

创新作为建立企业竞争优势的法宝，其重要性已被广泛认同。随着企业面临的市场竞争越来越激烈，人们开始关注企业的具体创新选择，相关研究文献也大量出现，这些研究对于理解企业如何进行创新选择大有帮助，深化了对企业创新行为的认识。

本章首先对各种具体类型创新的选择动因进行了系统的梳理，学者们已经在该领域做了大量的分析研究，但仍然存在一些薄弱和不足之处：

1. 目前对选择动因的研究主要集中在产业发展阶段、市场竞争特征、企业战略和组织结

构、企业规模等，近年来少数文献开始关注公司内部控制、管理者偏好等与公司治理结构相关的因素对创新选择的影响

这种研究状况与对总体创新[①]的研究存在很大的不同。在研究总体创新的影响因素时，大量文献从公司治理结构角度进行研究，如研究股权集中度、股权性质以及董事会规模、外部董事比例和董事会权力结构等因素对创新的影响（可参见徐金发、刘翌（2002）、杨建君（2007）、Filippo（2010）等人的综述）。由于公司治理结构作为企业的最基本的制度安排，决定和影响着企业的经营管理活动，也必然会对各种具体创新的选择产生重大影响，并且由于各种类型创新的特征存在很大的差异，公司治理结构对这些创新选择的影响是不同的。因此，需要深入研究公司治理结构对各种创新选择的影响。

2. 尽管许多文献将创新看做是一种经济活动，但对创新的风险特征重视不够

企业创新是一种资源配置活动，而且收益不确定性非常大，因此经营者的风险倾向

① 所谓总体创新主要是指不区分具体的创新类型，仅仅将创新作为一个整体来考虑。

和风险认知等因素会直接影响到企业创新决策。如果忽视经营者对创新决策的影响，显然是无法深入了解企业的创新决策。因此，有必要从创新的风险角度来进行研究经营者对创新决策的影响机制。目前，对经营者决策行为的分析主要是基于委托代理理论，该理论认为经营者的目标与所有者的目标存在冲突，因而会牺牲所有者的利益来追求自身的利益。而近年来出现的管家理论则与代理理论完全不同，认为经营者的目标与所有者的目标是一致的，会像管家一样来经营好企业。这些不同的理论视角必能够深化人们对企业创新决策的认识。

3. 目前对各种具体创新形式选择的研究是分散的、零碎的，缺乏一个统一的分析框架，不利于对创新选择影响因素的理解和认识

目前，各种创新选择的影响因素差别非常大。实际上，由于各种具体创新行为都属于创新战略，具有很多的共同之处，因而完全有可能建立一个统一的分析框架。

本章还对各种创新选择与企业绩效关系的文献进行了梳理。经过梳理，本书发现这方面的文献总体上还比较少，尚未引起人们充分的重视，国内关于这方面的研究则更少，还处于

起步阶段。创新战略是否有效，关键是要看创新对企业绩效（包括财务绩效和市场绩效）的影响。显然，不能简单地认为所有的创新必然都会有效，都会对企业绩效产生积极影响，而需要对各种具体创新的影响进行分析。

总之，在关于创新战略选择的影响因素以及其对企业绩效的影响效应方面，现有研究无论是在研究内容、研究深度，还是研究视角和理论基础等方面都存在一定的不足之处，在现有研究基础之上还需要对相关问题进行深入分析。

第三章

董事会治理与创新决策：一个新的分析框架

公司治理结构作为企业根本性的制度安排，决定和影响着企业的经营管理活动。目前越来越多的文献从公司治理结构角度来研究企业创新决策问题。本章首先对现有的“结构—创新”分析框架的局限性进行了分析，并提出了“行为—创新”分析框架。第二节着重对董事会治理行为进行分析，将董事会治理分为控制型治理和协作型治理。第三节简单分析了董事会治理对创新决策的影响。

第一节 从“结构—创新”分析框架到“行为—创新”分析框架

公司治理影响创新的研究绝大部分都直接研究治理结构与企业创新的关系，“结构—创新”分析框架占据主导地位①。如绝大部分文献研究了股权集中度、股权的性质以及董事会规模、董事会外部董事比重和董事会的权力结构等对创新决策的影响（例如，徐金发、刘翌，2002；杨建君，2007；Filippo（2010）等）。随着研究的深入，这种分析框架的局限性和不足逐渐显现，需要对其进行改进和完善。

① “结构—创新”分析框架是本书在现有公司治理结构和创新关系的研究文献基础上归纳提出的。在此主要借鉴了 Hermalin and Weisbach（2003）在对董事会制度研究进行综述时提炼的“董事会结构—企业绩效”概念。

一、"结构—创新"分析框架的局限性

（一）"结构—创新"分析框架是以代理理论为理论基础

代理理论认为，随着现代企业所有权和经营权的分离，必然会出现代理问题（Jensen and Meckling，1976）。Shleifer and Vishy（1997）认为，公司治理主要解决的是代理问题。创新对于公司的未来发展至关重要，但由于创新具有风险大、投入大、回报期长等特点，经营者不愿意进行创新，从而损害了股东的长远利益。目前的大多数研究都关注什么样的结构会抑制经营者的道德风险，从而加大创新，什么样的结构会导致经营者不愿意进行创新。

但是随着管家理论的出现（关于管家理论的详细分析详见下文），人们发现所有权和经营权的分离并不一定产生代理问题，也即经营者并不一定就是牺牲股东利益来追求自身利益，而是会像管家一样来经营企业，自觉追求股东利益最大化，不会因为追求自己利益来减少创新的投入。

（二）“结构—创新”分析框架是以董事会的监督控制职能为前提假设

代理理论认为，董事会是组织设计问题的一种市场解决方法，是一种内生的制度，能够有助于减轻经营者的代理问题（Hermalin and Weisbach，2003），也就是董事会要发挥监督控制职责（Fama and Jensen，1983）。如果董事会监督作用是积极的，那么就能降低经营者的代理成本，提高企业的绩效；如果董事会监督作用是消极的，则不能有效降低经营者的代理成本，企业绩效将低下（Jensen，1993）。因此，董事会要充分发挥监督职能，迫使经营者加大创新投入。

但除了监督职能外，人们发现董事会还承担着服务职能，特别是当前全球经济一体化，企业面临的竞争环境和不确定性越来越大，需要董事会发挥自身的经验优势、资源优势等来为经营者的决策提供咨询建议和帮助。对于创新活动，其不确定性大的特点更需要发挥董事会的服务职能。

（三）“结构—创新”分析框架只关注“投入—产出”关系

“结构—创新”分析框架将治理结构作为

输入变量，创新作为输出变量，来考虑是否存在“投入—产出”关系，但现实可能比这一简化的模式更加复杂。这种简单的“投入—产出”关系会导致研究结论出现不一致，甚至矛盾之处。以外部董事和创新关系为例。Wright（1996）认为外部董事的存在可以监督和制约内部董事因为创新活动的不确定性而出现的放弃长期利益的短视行为。另外，外部董事的知识和经验也会与内部董事形成互补，扩展董事会的视野，提醒经营者抓住创新机会。Chung等（2003）和Boone等（2005）的研究发现公司外部独立董事所占的比例与R&D比重正相关。但也有研究表明，外部董事不一定对企业创新活动产生积极的影响。Zahra（2000）对美国239家中型制造企业进行统计分析后发现，外部董事人数的增加与企业创新之间存在显著的负相关关系。Hoskisson等（2002）的研究结果表明，外部独立董事促进了公司的兼并收购活动，抑制R&D的投入，而内部董事促进了R&D的投入。因此，外部董事和创新之间究竟是什么关系，很难得出一致的结论。之所以出现这种情形，是因为“结构—创新”分析框架将复杂的管理情境简单化所致，“黑箱”未被打开，从而使人们无法看清楚内部的过程。如尽管外部董事可能具有与管理层互补的知识、经验和资源等，但他们可能并没有参与进来，使用这些知识、经验和资源来帮助管理层做好创新的决策。结构仅仅是行为的必要条件，并不是充分条件，结构如何影响行为以及影响有多大则在很大程度上是一个实证分析的问题。

二、"行为—创新"分析框架的内容

董事会治理是公司治理的核心，而董事会治理其实就是董事会行为①。所谓董事会行为，是指与决策相关的活动及董事会风格，它包括董事会会议的频率及持续时间、CEO与董事互相作用的程度、董事关于所讨论问题意见一致的水平、董事会程序的规范性以及董事参与讨论的程度等（申尊焕，2008）。需要强调的是，与代理理论将董事会作为一个控制机制相比，董事会运作实践和相关实证结论表明，董事会绝不仅仅是一种控制机制，它的作用更为宽泛（王斌、童盼，2008）。董事会职能应体现为两个方面：有效监督、高效决策服务（Forbes

① 本书中"董事会治理"和"董事会行为"是等同的表述，更全面的表述是"董事会治理行为"。为了行文的需要，有些地方使用"董事会治理"表述，有些地方使用"董事会行为"表述。

and Milliken，1999）。

公司治理结构对企业经营管理尽管会产生影响，但这种影响不是直接的，主要是通过董事会治理或董事会行为来发挥作用的。MacAvoy and Milstein（1999）在谈到治理结构和公司绩效关系时指出，“如果不进一步分析董事会行为的内涵，我们就无法期望董事会的一组结构特征与公司业绩的改善之间会产生任何实质联系。有关治理结构与公司业绩之间联系的实证研究所得出的矛盾结果，并没有否定董事会行为与投资者回报之间的联系。”这表明，即使治理结构和公司业绩之间关系不确定，但董事会行为与公司业绩之间关系仍然是可以确定，从而强调了董事会行为的重要性。他们的论述可以被借鉴来分析公司治理结构与创新决策之间的关系。目前，所有关于治理结构和创新决策关系的研究都没有真正地涉及董事会具体行为和过程，没有真正地从行为、过程的角度来阐述董事会行为对创新是如何产生影响的。因此，即使治理结构与创新决策的关系难以确定，也可以来确定董事会行为与创新决策之间的关系。

基于此，本书引入董事会行为，将“结构—创新”分析框架改进为“行为—创新”分析框架。董事会治理行为直接影响经营者的决策。经营者决策的有效性取决于两个因素：一是经营者的决策动机，即是否能够按照公司利益最大化的方式来进行决策；二是经营者的决策能力，即经营者是否具有足够的能力来进行科学决策。在决策过程中，董事会会对公司的有效决策起着积极的作用。图 3－1 反映了董事会职责和公司决策的关系。董事会对经营者决策的影响主要通过两个机制：一是通过对经营者的监督控制，来降低经营者的代理成本；二是通过为经营者提供建议咨询，来帮助经营者提高决策的科学性，最终都能够促进公司做出科学有效的决策。

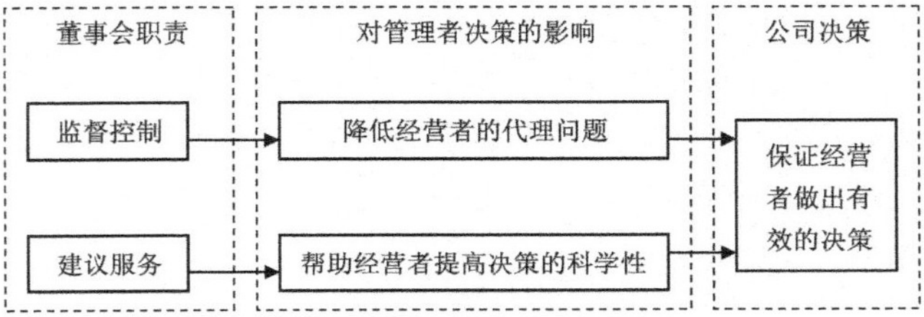

图 3－1　董事会职责和公司决策的关系

第二节 董事会治理：演变过程、理论基础及类型

本节首先回顾董事会职能或治理行为的演变过程，并对董事会职能和治理行为的理论基础进行分析，最后将其归纳为控制型治理和协作型治理两种类型。

一、董事会职能的内涵

（一）董事会职能的演变

对董事会职能最早进行分析的是 Pfeffer (1972)，他认为董事会是组织处理外部环境的一种工具，董事会规模和结构不是随机的或者独立的变量，而是组织对外部环境的理性反映 (rational responses)。他开创了董事会职能的资源依赖理论。Pfeffer and Salancik（1978）指出，“当一个组织任命一个人进入董事会，它就期待这个人会去支持组织，去关心组织的问题，去反复地把组织展示给其他人，去尽力帮助组织”。他们宣称董事会能够带来四大好处：

（1）建议和咨询；（2）合法性（legitimacy）；（3）是外部组织和本企业之间信息沟通的渠道；（4）优先获得来自外部重要要素的承诺或支持。Wernerfelt（1984）直接认为，这种职能就是董事会给企业带来资源的能力。

随着代理理论的兴起，人们开始用代理理论来分析董事会的职责。现代企业所有权和经营权的分离，导致了企业股东和管理层之间出现了委托代理问题，董事会被认为正是为解决这种代理问题而产生的一种内生制度安排，因而负有监督管理层的职责（Fama & Jensen，1983；Hermalin &Weisbach，2003）。董事会的主要职责是监督代理人（经理）的活动以保护委托人（所有者）的利益。

从20世纪90年代开始，西方国家大量严重的公司欺诈行为，使得股东们对“橡皮图章式”的董事会越来越不满，建立负有更大责任的董事会的呼声不断增强。在环境的支持和压力下，董事会的职责开始拓展到战略管理领域（龚红、宁向东、崔涛，2007）。其实在此之前，就一直有人关注董事会的战略职能。如Andrew（1980）建议董事会可以和管理层一起设计公司的战略规划，理由有两点：（1）董事会拥有大量决策经验，因而能够为创造性的战略规划作出贡献；（2）假如董事们能更深刻理解公司战略，有助于他们履行监督职能。Fama & Jensen（1983）也认为专家型董事可以有效地评估管理层的提议，在公司制定战略时，能够提供有价值的建议。Rindova（1999）从认知的角度分析了董事会可以利用自身解决问题的经验，来与管理层一起参与战略决策过程：审视（scanning）、解读（interpretation）和选择（choice）。

（二）董事会的具体职能

关于董事会究竟有哪些具体职能，不同的人有不同的表述。但 Zahra & Pearce（1989）和 Johnson, Daily & Ellstrand（1996）提供了两篇非常有影响力的评论文章，对董事会职能进行了梳理和整合，有助于对董事会职能的进一步认识和理解。

Zahra & Pearce（1989）认为董事会的关键职能有三个：服务、战略和控制。所谓"服务"职能，是指"提高企业声誉，建立和外部环境的联系，向管理层提供建议和咨询"；所谓"战略"职能，是指董事们"通过向 CEO 提供建议和咨询，提出自己的分析，或者建议不同的方案"来积极参与战略领域的决策；所谓"控制"职能，是指"评估公司和 CEO 的绩效，以确保公司增长和股东利益的保护"。

Johnson, Daily & Ellstrand（1996）指出，董事会的职责有三个：控制、服务和资源依赖。控制职能是指董事作为股东的受托人监督管理层，具体包括雇佣和解雇CEO和其他管理层，决定管理层薪酬，监督管理层不要攫取股东的利益；服务职能除了董事们积极参与战略的发起和制定外，还向CEO和其他管理层提供行政和其他管理方面的建议；资源依赖职能将董事会当做一种获取资源的手段，这些资源对企业成功非常关键的。

Hillman & Dalziel（2003）认为董事会的关键职能只有两种：监督和资源依赖。他们认为Zahra & Pearce（1989）的服务和战略职能，以及Johnson, Daily & Ellstrand（1996）的服务职能都是属于资源依赖职能，其理论基础都是资源依赖理论。

本书认同Hillman & Dalziel（2003）将董事会的服务、战略、资源依赖等职能看做是一种，但并不同意将这三种职能归纳为资源依赖职能，而是归纳为服务职能，因而董事会的主要职能是：监督和服务。从Zahra & Pearce（1989）关于战略职能的定义来看，是指董事会为管理层提供了有关战略方面的建议和咨询等，很显然是可以归入“服务”职能。下面来分析资源依赖职能和服务职能的关系。

资源依赖职能是指董事会利用自身的经验、声誉、地位、关系等，来获取公司所需要的关键性资源和利益相关者的支持。资源依赖职能与其说是董事会服务于公司，还不如说是服务于管理层。在现代企业中，所有权和经营权是分离的，企业的所有者聘请经验丰富的管理层来进行企业的经营管理，管理层拥有企业经营管理的权利，同时也承担着创造好的企业绩效，为股东创造最大化价值的责任。管理层承担着企业绩效好坏的责任，董事会的监督职能的重要内容就是管理层的绩效。因此，任何有利于公司绩效提升的活动，都是间接服务于管理层。

二、董事会职能的理论基础

众所周知，监督职能的理论基础是代理理论，那么服务职能的理论基础是什么呢？本书认为是管家理论。需要说明的是，董事会的一些具体活动究竟是属于监督职能还是服务职能需要进行具体的分析。如对一项收购政策的审查，既可能是出于服务需要，董事会根据自身经验和信息等提供相关建议，也可能是出于监督需要，审查是否符合股东利益。在此探讨的理论基础针对的是监督职能和服务职能，而不是针对的具体活动。

（一）管家理论和服务职能

管家理论主要运用于心理学和社会学，假定人是社会人，人的行为倾向于集体主义和合作。所有者和管理者的目标是一致的，所有者对管理者充分信任、充分授权，管理者会像管家一样经营好企业（Davis，Schoorman，Donaldson，1997；杨林，2004）。

从管家理论的内涵，可以发现该理论与董事会服务职能是一致的。当董事会发挥服务职能时，假定管理者是在为公司谋取利益，而不是在为管理者自己谋取私利，董事会和管理者的目标是一致的；当董事会提供服务职能时，董事会和管理者之间是相互信任和合作的。

（二）代理理论和管家理论的比较

代理理论主要运用于经济学和金融学，假定人是经济人，要追求自身的利益，人的行为倾向于机会主义和个人主义。所有者和管理者之间的利益存在在冲突，所有者要对管理者进行控制，以保护自己的利益，防止管理者侵犯了自己的利益。

表3-1归纳了代理理论和管家理论的假设（assumptions）和观点（prescriptions）。

表 3-1　　代理理论和管家理论的比较

比较项目		代理理论	管家理论
假设	理论基础	经济学与金融学	社会学与心理学
	CEO 的人性倾向	个人主义与机会主义	集体主义与合作主义
	CEO 的激励动机	外在动机	内在动机
	董事会与 CEO 的关系	目标相互冲突（风险偏好不同），彼此不信任	目标相互一致（风险偏好相同），彼此相互信任
观点	董事会的主要职责	对 CEO 进行约束与监管	对 CEO 提供服务和建议
	董事会的结构	重视外部董事，关系不持久	重视内部董事，关系持久
	实施股票期权的目的	目的是为了减少 CEO 与董事会目标冲突，避免日益增加的风险差异	目的是为了促进 CEO 与公司的一体感和培育一种长期合作关系
	董事会控制 CEO 的策略	约束 CEO 的自利行为	利用 CEO 的自我奉献精神

资料来源：杨林（2004）。

代理理论强调监督职能，认为董事会是企业内部最高级别的监督者，外部董事由于不熟悉管理层和日常运作管理，因而能够保持独立性和客观性，董事长和 CEO 的两职分离有利于更好监督和平衡。但管家理论则强调服务职能，主张董事会能够向管理层提供建议，参与重大政策的制定。董事会和管理层之间的紧密关系能够加深彼此的信任，促进管理层从董事会获取帮助，董事会也能够提供真正的反馈，并相信管理层会认真考虑他们的建议。在董事会结构上，则强调内部董事，因为他们具有很强的实践经验，同时董事长和 CEO 两职合一有利于政策制定权的统一，减少角色冲突。

为了使管理层更好地服务于股东，代理理论提出采用股权作为内部约束机制，减少管理层和股东的目标冲突，同时控制权争夺会导致管理层的更替，因而支持用控制权市场来约束 CEO 的自利行为。而管家理论则认为股权能够提升组织认同感，并预示着一种长期的合作关系，而控制权市场会抑制管理层的心理契约（psychological commitment），因而支持设定反接管条款，以培育董事会和管理层之间的长期关系，满足管理层的内在需求。

三、董事会治理的类型

根据董事会的职能以及理论基础，本书将董事会治理归纳为两种不同的类型：控制型治理和协作型治理。下面将分析这两种类型的具体内涵。

（一）控制型治理

Walsh and Seward（1990）在分析企业内部控制机制时，指出董事会首先对管理层进行绩效考核评估，如果绩效结果不理想，董事会将有两种选择：要么改变管理层的激励合约，要么解雇他们。因此，考核评估是监督的起点，也是主要内容，根据考核评估的结果来采取后续的相关措施。在控制型治理模式下，采用什么样的考核呢？代理理论认为，基于结果的（outcome－based）合约能够有效束缚代理人的机会主义，这样的合约能够使委托人和代理人的偏好保持一致。Eisenhardt（1989）就直接指出，"当委托人和代理人之间的合约是基于结果的，代理人更可能以符合委托人利益的方式行事。"当这种代理关系运用到董事会对公司管理层治理时，结果控制就是财务控制（Baysinger and Hoskisson，1990）。当董事会对管理层的治理方式选择控制型治理时，其监督职能则主要体现在财务目标的考核上。

再来分析董事会的服务职能。由于董事会具有很强的监督职能，管理层不愿意向董事们披露信息，或者会隐瞒有关信息，从而使得董事们处于信息劣势（Adams & Ferreira, 2007）。根据 Walsh and Seward（1990）的分析，当公司绩效不佳时，董事会必须对管理层的努力程度和能力作出推断，具体情况如表 3－2 所示。

表 3－2　董事会对管理层绩效不佳的推断

	能力低	能力高
努力程度高	岗位不匹配（misplaced）	被误导（misguided）
努力程度低	不胜任（incompetent）	偷懒（shrinking）

资源来源：Walsh and Seward（1990）。

尽管企业绩效不佳可能是由管理者不能控制的外部因素引起的，但董事会仍将绩效不佳归因于管理层，因为董事会认为“在任何环境下，引导企业走向成功是管理者的工作，不管环境是多么受约束还是多么竞争的（constraining or competitive）”。假如管理者被认为能力很强，但不够努力，董事会就会调整激励合约；假如管理者被认为能力很低，不管其努力程度如何，董事会都会解雇他们。因此，管理者就会向董事会尽量隐藏信息，不管自己能力如何，一定会将自己塑造成能力很强的形象。由于董事会处于信息劣势，不能够全面、正确地了解公司经营管理和面临的外部环境，董事会的服务职能将会被弱化[①]（Adams & Ferreira, 2007）。此时，董事会主要在两种情形下提供服务：一是应管理层的主动邀请；二是参照事先制定的绩效标准，来对绩效结果进行诊断分析，为管理者提供建议等服务。因此，董事会的服务将是被动式的（reactive）、诊断式的（diagnostic）。

综上所述，董事会的控制型治理主要是基于代理理论的，其主要内涵是强调监督职责，弱化服务职责，并且监督是以财务目标考核为主，服务以诊断式、被动式为主。

（二）协作型治理

协作型治理假定管理者和股东的根本利益是一致的，管理者不会出现机会主义，因此董事会的主要职责是服务，而不是监督（Davis, Schoorman, Donaldson, 1997；杨林，2004）。在这种情形下，用于保证管理者按照公司利益来行事的各种资源将减少，如监督、激励或者约束管理者的成本会被节约等（Davis, Schoorman, Donaldson, 1997）。

在协作型治理下，对管理层的考核仍然是

① 财务考核则需要很少的信息（Hitt, Hoskisson, Ireland, 1990），因此在董事会处于信息劣势时，仍可以发挥很强的监督职能。

存在的，但起的作用则发生了很大的变化，“考核就像是飞机仪表盘，用于保证企业沿着正确的轨道行使”（Kaplan，Norton，2001）。这时的考核以战略目标为主，以公司战略为导向。Kaplan and Norton（2001）提出了平衡计分卡（balanced scorecard），从财务、客户、流程、学习与成长等四个维度来设置指标，平衡了财务与非财务，结果与行为，短期与长期的关系。

管家理论认为，管家的绩效要受其所在的治理结构是否有利于有效行动的影响，因此要给管理层充分信任、充分授权，并且主张 CEO 和董事会主席合二为一。董事会的主要职责是对 CEO 提供服务和建议等。但这种服务不是诊断式、被动的，而是交互式（interactive）、主动的（proactive）。在这种情况下，董事会会定期不定期地主动参与管理层的决策，讨论公司面临的外部环境和内部的运营管理，并提供相关咨询、建议等服务，信息在董事会和管理层之间能够得到很好的分享。

综上所述，协作型治理主要是基于管家理论的，其主要内涵是强化服务职能，弱化监督职能，并且监督以战略目标考核为主（如采用平衡记分卡，考核指标不仅仅包括财务指标），服务。以交互式、主动式为主。

根据对董事会治理类型的分析，在不同的类型下，董事会的职能存在很大的差别，即在控制型治理下，董事会主要发挥监督职能；在协作型治理下，董事会主要发挥服务职能（具体内容见表3－3）。

表3－3 董事会治理的模式

治理模式 \ 董事会职能	监督职能	服务职能
控制型治理	强（以财务目标考核为主）	弱（以被动式、诊断式为主）
协作型治理	弱（以战略目标考核为主）	强（以主动式、交互式为主）

资料来源：由作者整理。

第三节 董事会治理和创新决策

一、创新决策的风险特征

关于风险的概念，奈特在《风险、不确定性和利润》一书中认为“风险”是指可度量的不确定性，“不确定性”是指不可度量的风险。风险的特征是概率估计的可靠性，而估计的可靠性来自所遵循的理论规律或稳定的经验规律。与可计算或可预见的风险不同，不确定性是指人们缺乏对事件的基本知识，对事件可能的结果知之甚少，因此不能通过现有理论或经验进行预见和定量分析。

后来的学者在奈特的基础上对风险做了进一步的研究和探索。Sitkin and Pablo（1992）对风险概念进行综合，认为风险包含三个维度：结果不确定性、结果期望（outcome expectations）和结果潜力（outcome potential）。所谓结果不确定性是指结果的变动性、对潜在结果分布的无知和结果实现的不可控性。所谓结果期望是指可能出现一系列的结果，其中有好有坏。所谓结果潜力是指可能出现极端的情形，同时结果的出现不是连续性变量，而会呈现出阶梯函数（step function）的形式。因此，风险是一种不确定性，是无法事先进行估计的。

根据 Sitkin and Pablo（1992）对风险的概括，可以看出创新具有明显的风险特征。第一，创新的结果具有不确定性。由于市场环境变化莫测、技术发展难以预测等因素，使得创新的结果不具有可预见性。第二，创新的最终结果是多元化的，创新既可能成功，可能失败，也可能是部分的成功，没有完全达到预想的目标，也可能创新的结果是超出人们预想的目标。第三，创新的结果可能会出现极端情形，如突破性创新一旦成功，可能会重塑产业格局，使得企业获得长久的、巨大的竞争优势。因此，创新的风险特征非常明显、非常典型。

二、创新决策的影响因素

Sitkin and Pablo（1992）对风险行为的影响因素进行重新归纳，将其分为两大类：风险倾向（risk propensity）和风险认知（risk perception）。风险倾向是指个体承担或者规避风险的意向，主要受风险偏好、行为习惯和历史结果（outcome history）等影响。风险认知是指个体评估情境有多少的风险性，包括评估情境不确定性程度的概率估计、不确定性有多少可控以及对这些估计的信心度，主要受问题框定（problem framing）、高管团队同质性（top management team homogeneity）、组织环境、问题领域的熟悉度（problem domain familiarity）和组织控制体系（organization control systems）的影响，具体如图 3 - 2 所示。

创新活动作为一种风险行为，Sitkin and Pablo（1992）提出的风险行为决策框架同样适用于对创新决策，下面就在该框架下对创新决策的影响因素进行分析。

1. 经营者的风险倾向会影响创新决策

熊彼特、德鲁克等人都强调经营者要具有企业家精神，愿意承担风险（准确地说是不确定性），企业才能获得竞争优势，才能获得利润。需要强调的是，风险倾向不是一种稳定且不变（stable and constant）的特质，而是稳定但可变（stable but changeable）的特质。从风险偏好角度看，经营者对风险的定位、对成就的定位以及管理职位的类型等都会影响经营者对风险的偏好。从行为习惯角度看，经营者以往对风险的态度和具体的应对措施会影响以后的风险决策，即行为惯性会影响风险倾向。从历史结果角度看，以往风险规避带来的成功会强化进一步的风险规避，不愿承担风险；以往承担风险带来的成功会强化进一步的风险承担。

2. 经营者的风险认知对创新决策也会产生影响

研究表明，风险情景（risk situation）影响风险行为，风险的高低与对情景的可控性都将会影响个体的风险行为。如果认为当前情景是高风险的且可控性低，则会抑制了冒险；如果

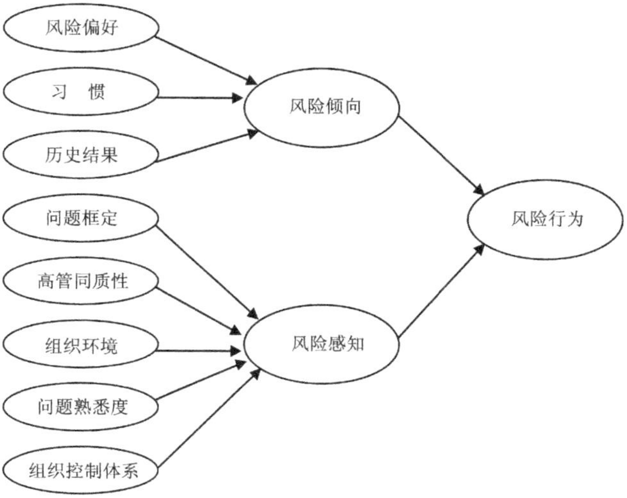

图 3－2 风险行为的影响模型

资料来源：Sitkin and Pablo（1992）。

认为当前情景是低风险且可控性高，则会诱发冒险选择。从问题框定角度看，如果经营者认为当前情景是机遇，可能会带来很大的收益，就会进行大力创新；如果经营者认为是威胁，会遭到损失，就会不愿创新。从高管团队同质性角度看，如果高管团队的知识结构、工作背景、年龄等相差不大，那么就会形成群体思维(groupthink)①，会对风险的认知就会相似、且呈现极端情形，同时对这种认知充满信心，这

① 所谓群体思维是指群体会表现出过分寻求一致的倾向。

时就会做出过度冒险或过度保守的创新决策。从组织环境角度看，企业文化会影响风险认知，如果企业文化是进取型的，则容易导致低估风险，引发大量创新；如果企业文化是保守型的，则容易高估风险，会抑制创新。从问题领域熟悉度角度看，如果经营者对问题领域有中等程度的熟悉，相对于过度熟悉和不熟悉，则能更准确地认知风险，从而做出合适的创新决策。从组织控制体系角度看，如果侧重过程控制，只要遵循既定程序，个人决策就没有任何风险，因此会导致低估风险，诱发创新；如果侧重结果控制，由于创新会导致结果的不确定性和大幅变动，因而会高估风险，会抑制创新。

三、董事会治理对创新决策的影响[①]

1. 董事会的控制型治理对创新决策的影响

在控制型治理下，由于董事会很少参与公司经营管理，与管理层的沟通少，双方的信息沟通和分享少，因而对经营者风险倾向影响较小，经营者会按照自身的风险倾向进行创新决

① 此处的分析是简单的、概念性的（conceptual），详细的、具体的分析见下文第四章。

策。但董事会由于采用了以财务目标为主的考核，注重公司的财务效益，这会使得经营者高估风险，不愿意开展创新活动。

2. 董事会的协作型治理对创新决策的影响

在协作型治理下，由于董事会积极参与公司的经营管理，向管理层提供建议咨询，与管理层的沟通交流频繁，因而会对经营者风险倾向产生影响，如会影响经营者的行为习惯，减少其受历史结果的影响等。同时，董事会能够帮助经营者客观、准确地认知风险，进行合理的创新决策。董事会采用以战略目标为主的考核，注重过程，会使得经营者低估风险，诱发大量的创新。

第四章

研 究 假 设

根据“行为—创新—绩效”分析框架，本章将提出本书的研究假设，分为两个部分：董事会治理对企业创新战略选择的影响；企业创新战略选择对企业绩效的影响。

第一节 董事会治理和创新战略选择

管理者总是在一定的环境下进行管理决策的。董事会治理无疑是管理者面对的最重要的内部环境，董事会治理的特征必然会影响管理者的决策行为，包括对企业创新的态度。Miller and Friesen（1982）认为企业的创新战略是由管理者基于自身的目标和性情做出的。根据管理者对待创新的态度，分为企业家型（entrepreneurial）和保守型（conservative）。前者认为经常性和大规模的创新是公司战略的重要内容，通过开展经常性和大规模的创新，并承担与之相伴的风险可以获得竞争优势。后者认为创新是有成本的，并且对生产效率有破坏性（disruptive），企业只有在受到竞争者或消费者需求转移严重挑战时才会进行创新。其实，除了企业家对创新的态度（也即风险倾向）会影响企业创新决策外，企业家的风险认知能力也会影响创新决策。只有对创新有正确的认知，才能做出科学合理的决策。董事会治理模式的不同直接会影响企业家（本书是指管理者）的风险倾向和风险认知，从而会影响到企业的创新决策。

下面将具体分析董事会治理行为如何影响创新战略的选择，即董事会治理模式对企业选择自主创新还是合作创新、选择产品创新还是工艺创新、选择突破性创新还是渐进性创新的影响机制。

一、董事会治理与自主创新和合作创新的选择

（一）董事会治理和自主创新

自主创新的主要好处体现在技术的率先性以及与之相伴的垄断或独占性，具体来说主要体现在（傅家骥，1998）：（1）在技术方面，技术突破的内生性有助于企业形成较强的技术壁垒。率先者的技术壁垒还可以通过专利保护的形式而加以巩固，进一步从法律上确定自主创新者的技术垄断地位。（2）在生产制造方面，自主创新企业启动早，产量积累领先于跟进者，能够率先积累生产技术和管理方面的经验，较早建立起与新产品生产相适应的企业核心能力，因此，能先于其他企业获得产品成本和质量控制方面的竞争优势。（3）在市场方面，自主创新一般都是新市场的开拓者，在产品投放市场的初期，自主创新企业将处于完全独占性垄断地位，可获得大量的差额利润，其产品的标准和技术规范很可能先入为主，演变为本行业或相关行业统一认定的标准，迫使后来者成为其跟随者。

但自主创新的风险也是极大的。自主创

新能否产生技术突破，何时产生技术突破，何时及如何将新技术商业化等都是企业难以预料的，这就使企业面临着极大的风险，而且在自主创新中，这种风险是由单个企业承担的，没有别的企业与之共担，所以自主创新中的财务风险、技术风险及市场风险较高。Chandy and Tellis（2000）证实了自主创新与风险正相关。

在协作型治理下，一方面董事会充分信任管理层，与管理层的信息沟通非常畅通，所有者和管理者的根本利益也是一致的，因而会支持企业从事自主创新行为，因为一旦自主创新成功，将使得企业获得长久的竞争优势，保持市场的领先地位；另一方面董事会也会积极主动为管理层提供各种建议和咨询，甚至是关键的资源和信息等，能够帮助管理层做出正确的创新决策，减少自主创新过程中出现的各种困难和风险，提高自主创新的效率和成功概率。

在控制型治理下，由于假定管理层与所有者的根本利益不一致，董事会对管理层的考核是以结果为主，这会导致管理者的风险厌恶倾向比较明显，同时董事会和管理层沟通少，提供的相关建议和帮助也很少，因而管理者不愿意承担很大的创新风险，没有动力去开展自主创新活动。

根据上述分析，本书做出如下假设：

假设 1：协作型治理有助于企业开展自主创新活动。

假设 2：控制型治理不利于企业开展自主创新活动。

（二）董事会治理和合作创新

合作创新的收益主要体现在改善资源结构，即在创新中，经常存在某种资源不足或缺乏的情况，通过合作，可以缓解或消除资源瓶颈，促进创新过程中的技术结构的优化（张晗，2008）。随着技术进步速度和技术复杂性的不断提高，重大创新和突破对资金、技术、人才及组织形式等各方面的要求越来越高，这就需要企业在比较优势的基础上开展各种技术交流和合作，充分发挥各自的专业化优势，实现合作方技术资源优势的互补。合作创新会使企业获得互补性的科学知识和技术，形成技术协同效应和技术组合优势，实现合作伙伴研发的范围经济。例如，Pratt & Whitney - Rolls Royce 的 2500 飞机引擎合作开发项目，Pratt & Whitney 在热处理技术方面具有优势，而 Rolls Royce 则在风扇与压缩机方面具有技术优势，两种技术的融合可以产生高质量的技术创新。

企业不可能在所有的技术领域拥有足够的能力，因此与其他企业合作将开阔视野，共享信息、知识和经验（罗炜、唐元虎，2001）。

除了改善资源结构外，分散风险也是企业进行合作创新的一个动机（Harrigan，1988）。合作创新的财务风险、技术风险及市场风险都由合作者共同承担，所以相对降低了研究开发活动所固有的不确定性。宋晓梅、刘富铀（2005）认为，合作创新可以缩短技术创新的时间，强化企业在市场上的竞争地位。合作创新可以在合作的各方分摊创新成本及分散双方风险。一般来说，技术创新的项目越大，内容越复杂，成本越高，风险越大，合作创新分散风险的作用也就越显著。

在协作型治理中，由于董事会和管理层的沟通顺畅、信息共享，对于一些难以依靠自身力量完成或不适宜独立完成的创新活动需要进行合作创新，董事会非常清楚和了解，因而会予以支持。同时，董事会也会运用各种渠道、关系等资源，帮助企业寻找合适的合作对象，扩大合作创新的空间。

在控制型治理中，结果导向的考核会促使管理者厌恶风险，合作创新可以减少创新风险，因而管理者愿意开展合作创新。同时，合作创新可促进企业间知识的流动，获得合作伙伴的经验性知识和技能（Khanna & Gulati, 1998），技术成果的外部效应内在化（Aspremont & Jacquemin, 1988），使企业合作伙伴间的资源共享和能力互补，从而快速获得新技术与新市场，这种合作会使企业和竞争对手之间的竞争程度在一定领域、在一定程度上出现缓和，甚至会将研发合作带到产品市场上，形成价格串谋（Suetens, 2004），从而有助于降低企业的竞争风险，因此管理者愿意去和竞争对手开展合作创新。

根据上述分析，本书做出如下假设：

假设3：协作型治理有助于企业开展合作创新活动。

假设4：控制型治理有助于企业开展合作创新活动。

二、董事会治理与产品创新和工艺创新的选择

产品创新可以从授权（licensing）和促进更加快速增长中获得比工艺创新更大的回报，而工艺创新是不能被授权的（licensed），或者不能以独立形式（in disembodied form）出售给行业中的其他企业（Cohen and Klepper, 1996b）。因此，产品创新如果成功的话，其收

益将比工艺创新大。

同时，产品创新比工艺创新的成本要大，风险要高。（1）保持产品创新的秘密比保持工艺创新的秘密更困难些，因为产品必须出售，其他企业可以试图模仿，但工艺创新可以保持在秘密状态，过程工作不需要展示给他人（张晗，2008）。（2）产品创新的难度要大于工艺创新。工艺创新要求嵌入式技术（embodied technology），嵌入式技术是指生产性资产存量或者是生产性固定资本存量；产品创新则要求非嵌入式技术（disembodied technology），非嵌入式技术是指知识存量或企业能力（Rouvinen，2002）。因此，产品创新需要更多更深的全新知识，工艺创新则要求更少的新知识，依赖普通的非专业的人力资源和基础设施。此外，任何不同于现在"产品平台"的产品创新更为困难（Meyer and Utterback，1993），产品的特点越具有独特性，在研发上花费的时间也就越长（Khanna and Iansiti，1997）。Crawford（1987）的一项有关企业引入新产品的实证研究显示，成功的概率小于20%，即使是生存下来的创新项目在进入市场最初的几年一般也是不盈利的。

产品创新和工艺创新实质上与波特提出的差异化战略和成本领先战略是一致的。企业可以通过产品创新来实施差异化战略，通过工艺创新来实施成本领先战略，它们都是为了获得持久的竞争优势。在协作型治理下，董事会与管理层的信息沟通非常畅通，董事会会支持企业为了提升竞争优势而开展的产品创新和工艺创新活动。

在控制型治理模式下，由于产品创新的风险要高于工艺创新，因此，管理者没有积极性去开展产品创新，而更愿意去开展工艺创新。

根据上述分析，本书做出如下假设：

假设5：协作型治理有助于企业开展产品创新活动。

假设6：控制型治理不利于企业开展产品创新活动。

假设7：协作型治理有助于企业开展工艺创新活动。

假设8：控制型治理有助于企业开展工艺创新活动。

三、董事会治理与突破性创新和渐进性创新的选择

Chaney，Devinney and Winer（1991）通过事件研究法，分析了资本市场如何对企业的创新活动进行价值评估，结果发现突破性创新

要比渐进性创新更有价值。其实，突破性创新不仅仅会给企业带来较高的收益，甚至会引起企业行业地位的改变。以半导体行业为例（见表4-1）。在20世纪50年代中期，RCA、西尔瓦尼亚（Sylvania）、雷声（Raytheon）、西屋（Westinghouse）等大型企业的渐进性创新使真空管技术日臻完美。然而由于突破性创新——晶体管技术的出现，从1955年到1982年，行业领导权几乎完全颠倒过来。到1965年时，德州仪器、仙童、摩托罗拉等新兴企业成为行业的领袖者。RCA和西尔瓦尼亚开始走向衰落。此后，又有英特尔、东芝、日立等突然崛起的公司成为新的领导者，RCA和西尔瓦尼亚则在产品的更新换代中消失了。因此，突破性创新一旦成功，其获得的收益将会远远高于渐进性创新。

表4-1　1955~1995年半导体行业领袖企业的排名与变动

1955（真空管）	1955（晶体管）	1965（半导体）	1975（集成电路）	1982（超大规模集成电路）	1995（亚微米）
RCA	休斯	德州仪器	德州仪器	摩托罗拉	英特尔
西尔瓦尼亚	Transitron	仙童	仙童	德州仪器	NEC

续表

1955（真空管）	1955（晶体管）	1965（半导体）	1975（集成电路）	1982（超大规模集成电路）	1995（亚微米）
通用电气	飞歌	摩托罗拉	松下	NEC	东芝
雷声	西尔瓦尼得	GI	英特尔	日立	日立
西屋	德州仪器	通用电气	摩托罗拉	松下	摩托罗拉
Amperex	通用电气	RCA	罗克韦尔	东芝	三星
松下	RCA	斯普拉格	GI	英特尔	德州仪器
罗兰德	西屋	飞歌	RCA	飞利浦	富士通
艾米克	摩托罗拉	Transitron	飞利浦	富士通	三菱
兰斯代尔	克莱维特	雷声	AMD	仙童	飞利浦

资科来源：Foster（1996）。

高收益伴随着高风险，收益越高，风险也越大。从技术风险来看，突破性创新采用的是新技术，脱离了现有的技术轨道，而渐进性创新的技术则是在现有技术轨道上进行的提升和改进，因此，突破性创新的技术风险要比渐进性创新大得多。从市场风险来看，突破性创新主要是开发新产品、新服务和新市场，新产品和新服务的性能与现有产品在很大程度上都不同，而渐进性创新则主要是对现有产品的性能进行改进和提高，因此，突破性创新的市场风险要大于渐进性创新。

除了技术风险和市场风险，相比渐进性创新，突破性创新还具有很大的资源不确定性和组织不确定性（Richard Leifer 等，2000；2001）。组织和资源的不确定性是突破性创新所特有的。组织和资源不确定性来自于主流组织和突破性创新团队之间的冲突，它们可能会使创新项目陷于停滞。组织不确定性的问题主要是项目团队能力方面的：招募合适的人、管理和组织其他部分的关系、处理管理层支持的变化、克服运营部门的短期和结果导向的定位以及对损害当前产品线的新产品抵制、抵制当前业务的既得利益等。资源不确定性也会占用创新团队极大的精力，主要包括：寻找完成项目所需要的资金和能力，是否有不通过正常预算流程分配的资源，谁是合适的合作伙伴、如何最有效地管理合作伙伴关系。可以将突破性创新的四种不确定性归纳如表 4－2 所示。

表 4－2　　突破性创新面临的不确定性

类　型	内　容
技术不确定性	技术开发、应用开发、制造工艺是否可行？ 什么时候可以完成？ 谁能够完成？

续表

类　型	内　容
市场不确定性	谁会购买？ 产品能够为顾客创造什么价值？
组织不确定性	如何应对企业内部的阻力？ 采取什么办法获取组织承诺？ 谁来领导项目组？谁将参与到项目中？如何找到合适人才？
资源不确定性	完成项目的资金和能力如何满足？ 如何找到合作伙伴？怎样处理与合作伙伴的关系？

资料来源：Leifer 等人（2000）。

此外，突破性创新项目要比渐进性创新项目花费的时间更长，因而风险也更大。

在协作型治理下，董事会和管理层都是追求企业的长远利益，寻求持久的竞争优势，董事会对管理层的考核主要以战略目标为主，因此管理层不会出现短视化的决策行为，尽管突破性创新活动的风险很大，项目周期很长，但也会愿意去开展突破性创新活动。而在控制型治理中，由于董事会对管理层考核主要以财务指标为主，管理者将不得不追求企业短期财务收益最大化，因而不愿意进行突破性创新。

对于渐进性创新，由于项目投入少、周期短风险小，不管在协作型治理还是在控制型治理中，都会受到支持。

根据上述分析，本书做出如下假设：

假设9：协作型治理有助于企业开展突破性创新活动。

假设10：控制型治理不利于企业开展突破性创新活动。

假设11：协作型治理有助于企业开展渐进性创新活动。

假设12：控制型治理有助于企业开展渐进性创新活动。

第二节 创新战略选择与企业绩效

本节主要分析各种具体创新形式对企业绩效的影响。传统上对创新产生的绩效研究仅仅考虑了单一维度——财务维度，但这在研究创新绩效中是远远不够的，因为创新绩效有多个衡量标准，没有一个简单的绩效测量能够覆盖绩效的各个方面（Snow & Hrebiniak，1980）。Cooper & Kleinschmidt（1987）提出了三种测量绩效的方法：财务绩效、机会窗口和市场份额。由于机会窗口比较难界定，本研究主要采用将企业绩效分为财务绩效和市场绩效的方法①，财务绩效指标通常包括销售收入增长、利润增长率、资产回报率等，市场绩效指标通常产品性能优势、市场份额、客户满意度等。下面就具体分析各种创新选择对企业财务绩效和市场绩效的影响。

一、自主创新和合作创新对企业绩效的影响

傅家骥等（1998）从技术、生产制造和市场等三个方面，详细分析了企业自主创新战略的优缺点，优点主要有：（1）在技术方面可以形成很强的壁垒，同时由于自主创新一般涉及的是全新的技术领域，可能会引起一系列的创新；（2）在生产制造方面，产量累积会早于跟随者，从而会积累经验；（3）在市场方面，企业容易形成独占性垄断地位。缺点主要有：（1）在技术方面，必须具有强大的研究开发实力，甚至是基础研究能力，因而需要进行大量人才储备和财务资源投入；（2）在生产制造方

① 越来越多的研究发现，财务指标所体现的企业绩效并不能全面地反映企业的短期与长期经营状况。因此，可持续发展的企业目标使得企业日益重视企业的市场绩效。

面，新工艺、新设备以及娴熟的技术工人缺乏，使得生产制造的风险和成本很高；（3）在市场方面，需要在市场开发，营销推广和用户知识普及等方面投入巨额资源，挖掘有效需求。因此，他们承认，自主创新是一种对领先者适用的战略。李平、崔喜君、刘建（2007）分析认为我国人力资本和知识产权保护对国内自主创新具有明显的抑制作用。

改革开放以来，特别是近20年，我国科技创新人才培养取得很大的成绩。根据《中国科技统计年鉴2009》的统计，我国科技活动人员总数由1993年的240多万人增加到了2008年的近500万人，科学家和工程师人数由1993年的137万人增加到2008年的340多万人，每万人中科学家和工程师人数也从1993年的12人增加到2008年的26人。人力资本的瓶颈问题得到了一定程度的缓解。尽管我国科技创新人才数量有了显著的增长，但人才的质量还不高，与发达国家相比还有很大差距。有数据表明[①]，在158个国际一级科学组织及其包含的1566个主要二级组织中，我国参与领导层的科学家仅占总数的2.26%，其中在一级科学组织

① 转引自新华网：《新华视点：九大问题挑战“创新型国家”》，http：//news.xinhuanet.com/politics/2006－01/08/content_ 4024845.htm。

担任主席的仅 1 名，在二级组织担任主席的仅占 1%。高质量人才的匮乏直接影响产品创新和创新成本等。

知识产权保护对自主创新的影响也是非常大的。由于创新成果可能被其他的经济主体以很少甚至为零的额外成本使用，因此，为了激励创新，政府通过法律来保证创新者从其创新活动中获利是必要的。而我国的知识产权保护状况不好，盗版、假冒、“山寨”等问题还比较严重。根据香港政治经济风险顾问公司（Political & Economic Risk Consultancy）公布的亚洲国家和地区知识产权保护指数，中国在亚洲各国家和地区中排名倒数第二，仅好于印度尼西亚：根据世行公布的法律指数，该法律指数的成分之一就是知识产权保护状况，中国在 195 个国家中排名第 95 位，低于世界平均水平。知识产权保护不好会直接影响到开展自主创新企业的市场绩效和财务绩效。

此外，我国企业市场能力普遍不高。由于我国建立市场经济体制的时间还不长，许多企业在消费者需求的把握、适应市场需求的产品设计、营销网络和销售渠道的建设、品牌推广等“软实力”方面还很薄弱，也即价值链中

"微笑曲线"[①] 两端的能力比较弱，这也影响了我国自主创新的绩效。

因此，尽管我国企业在技术研发和生产制造等方面具有一定积累和优势，但由于我国企业普遍存在着市场能力薄弱等情况，通过自主创新，能否提供满足消费者需求的产品和服务，从而提升企业市场绩效和财务绩效还很难确定。根据上述分析，本书做出如下假设：

假设 13：自主创新对企业市场绩效有负向的影响。

假设 14：自主创新对企业财务绩效有负向的影响。

陈钰芬、陈劲（2008）认为合作创新可以产生两方面的好处：一是可以充分利用包括技术和市场信息在内的外部创新资源，吸纳更多的创新要素。充分利用别人的新技术，可以节省内部研发所需要的时间和资金，减少产品开发的时间，加快创新速度。通过合作，不同的组织共担创新风险和成本，共享双方互补的创

① "微笑曲线"最早由我国台湾宏基集团的董事长施正荣先生于 1992 年提出来的，用来描述生产个人电脑的各个工序的附加值。在整个个人电脑的产业链里，上游的 CPU、操作系统和下游的售后服务等工序具有较高的附加价值，而处在中游的组装生产等工序则利润空间最小。因曲线类似于微笑时的下嘴唇，故有此称谓。

新资源，能缩短创新周期，提高创新效率。合作还具有协同效应，不同知识领域的结合常常能够产生全新的技术，获得技术突破。二是通过外部途径实现内部技术的商业化。可以通过输出不适合于企业现有经营业务的创意和新技术，使之通过外部渠道商业化，以减少市场的不确定性。张方华（2006）通过问卷调查和典型案例调研相结合的方式，发现企业通过合作创新能够获取信息（包括市场需求信息、技术发展信息、政府政策信息等）、知识（包括市场开发知识、技术研发知识、创新管理知识等）、资金（包括政府资金支持、金融机构贷款、风险投资支持等），从而提升了创新绩效。尽管合作创新存在一定的成本，如沟通协作成本、履约成本等，但其带来的收益则更明显。Radriguez - Pose（2013）对 5 个挪威最大的城市地区的 1604 家公司 进行问卷调查，通过对数回归分析研究发现，与客户的合作创新状况与企业的创新绩效有显著相关性。

根据上述分析，本书做出如下假设：

假设 15：合作创新对企业财务绩效有正向的影响。

假设 16：合作创新对企业市场绩效有正向的影响。

二、产品创新和工艺创新对企业绩效的影响

Uttcrback & Abernathy（1975）认为，产品创新是为了顾客和用户的利益而引进的新产品或服务。新产品或服务与旧的产品或服务有显著的差异。工艺创新是介于输入与输出之间的新工具、设备和生产的技术知识。工艺创新通常是提高生产产品或提供服务的效率，可以增加顾客的价值，比如提高质量和可靠性等，尽管这些改进都是不显著的，一般不为顾客所注意。Gopalakrishnan，Bierly & Kessler（1999）认为，产品创新是一种用来满足外部用户或市场需求的新产品或服务。工艺创新是一种引进到组织生产或服务实施（输入原材料、任务划分、工作和信息流的机制以及设备）中的要素，以生产产品或提供服务。产品创新以市场为焦点，并且主要由客户驱动，然而工艺创新的焦点在组织内部，并且是主要由效率驱动的。

因此，产品创新主要是通过引入新的产品和服务，或者提升现有产品和服务的性能和品质，来为消费者提供更大的价值，并且能够为消费者所感知。工艺创新主要是企业对生产工

艺、生产设备和生产流程等方面进行改进优化，提升了生产效率和产品质量，减低了生产成本。可以看出，不管产品创新还是工艺创新都可以提升企业的市场绩效和财务绩效。但在实践中，许多企业往往重视产品创新，而忽视了工艺创新。其实，工艺创新也可以帮助企业建立竞争优势，甚至比产品创新对企业竞争优势的影响更大，因为工艺创新很难被竞争对手模仿，而产品创新易被模仿。Mansfield（1985）对20世纪80年代的美国和日本的企业进行了调查，结果发现美国企业68% R&D费用被用于产品开发，32%用于工艺开发；而日本企业则分别为36%和64%。Mansfield进而指出重视工艺创新是日本经济迅速发展的主要动因。美国MIT生产率促进委员会1990年的研究报告也指出，美国一度只重视产品创新而忽视工艺创新是美国在众多工业领域内失去竞争优势和经济发展缓慢的重要原因之一。近年来，美国企业已开始注重工艺和工艺创新环节，并逐渐加大对工艺的投入，这为扭转美国制造业的竞争力衰退起到了积极作用（郭斌，1999）。

根据上述分析，本书做出如下假设：

假设17：产品创新对企业财务绩效有正向的影响。

假设 18：产品创新对企业市场绩效有正向的影响。

假设 19：工艺创新对企业财务绩效有正向的影响。

假设 20：工艺创新对企业市场绩效有正向的影响。

三、突破性创新和渐进性创新对企业绩效的影响

渐进性创新一般是受企业的市场驱动战略影响（刘石兰，2008）。此时，企业一般不鼓励冒险，因为这类企业关注对市场信息的收集和迅速反应，其主要目的就是降低环境的变化给企业带来的风险。因此，这类企业将重点放在为满足现有顾客需求而对产品线进行延伸上，而不是在深入分析现有和潜在顾客需求的基础上发现新机会和创造新产品。可见，渐进性创新是一种适应性创新。Jaworski 等（2000）认为，与驱动市场导向相比，市场驱动导向改变市场行为和结构的能力非常有限。那些仅仅依靠顾客和竞争对手信息进行创新的企业可能会越来越把自己的创新活动局限在现有的技术范式之内（McKee，1992）。因此，渐进性创新很难增加产品的市场份额。如果其他竞争对

手开展了突破性创新的话，开展渐进性创新的企业市场份额可能会减少。Christensen & Bower (1996) 通过对计算机磁盘驱动产业的分析发现，那些实力雄厚、管理制度完善和已经确立了主导地位的企业，往往会因为过度以顾客为导向而丧失突破性创新的机会，这使它们很可能最终被竞争对手超越。因此，渐进性创新对企业市场绩效的影响很难确定。

突破性创新要求企业抛弃各种保守的市场理念，大胆探索新技术所具有的潜力，用独特的方式来满足现有需求。Workman（1993）甚至发现，即使没有顾客反馈或者跨职能产品开发团队几乎没有市场信息，许多组织也能产生创新突破。突破性创新与渐进性创新不同，一方面，它强调对顾客进行引导，揭示潜在顾客需求并相应做出有效反应，因此更能够摆脱所谓“目标市场专制”的限制（Day，1990）。Hamel & Prahalad（1991）认为，对目前并不存在的市场进行想象，能够鼓励管理者思考他们当前业务边界以外的东西，因而能够为发展创造性提供更大的空间，有助于创造新的竞争市场或形成新的市场结构和行为。另一方面，企业如果开展突破性创新，会强调重新思考产品和服务、重新定义市场空间、重新描绘产业边界，试图通过改变产业标准或者产品与市场标准，来从根本上改变竞争对手、联盟者、潜在伙伴以及其他产业行为主体的态度、行为和结构（Jaworski 等，2000）。因此，突破性创新能够扩大企业的市场份额。此外，突破性创新产品通常具有一系列全新的性能特征，已知的性能甚至能够提高 5 倍或 5 倍以上（Leifer 等，2000），给顾客带来很大的价值提升，提高客户满意度。因此，突破性创新会增加企业的市场绩效。

渐进性创新有助于企业对现有的顾客需求做出有效反应。Day（1999）认为，这种有效反应有助于企业实现差异化，是企业竞争优势的主要来源。而赢得竞争优势的企业能够更好地抵御市场环境的波动，增加企业提高财务绩效的机会（Garbi，2002）。但同时，由于渐进性创新容易遭遇“技术极限”问题，使得产品性能提升空间不足，会逐渐被性能更强大的产品所替代，因此财务绩效会下降。综上所述，渐进性创新对企业财务绩效的影响很难确定。

而突破性创新则会产生很大的财务绩效。Kerin 等（1992）从理论上阐述了市场领先者能够获得巨额利润的原因。分销渠道的有效性、广告的边际效应、规模效应、经验和声誉资产等都能为市场领先者带来良好的经济效益。同时，市场领先者还拥有优先选择盈利性最好的细分市场、进行市场定位以及设置进入障碍的机会，市场领先者在其他企业进入之前所培育的新的消费者行为特征（如品牌忠诚、将领先者的品牌作为购买标准）也为市场领先者的成功提供了保障。因此，突破性创新有助于企业提升财务绩效。

根据上述分析，本书做出如下假设：

假设21：渐进性创新对企业财务绩效的影响不显著。

假设22：渐进性创新对企业市场绩效的影响不显著。

假设23：突破性创新对企业财务绩效有正向的影响。

假设24：突破性创新对企业市场绩效有正向的影响。

第五章

研究设计和方法

本章首先介绍本书采用的问卷设计和数据来源，接着介绍实证分析中各变量的设计，最后介绍了主要实证分析方法——结构方程模型的基本原理，从而为实证分析做好准备。

第一节 问卷设计与数据来源

一、问卷设计

（一）问卷的设计

问卷设计的质量直接影响到数据信息的准确性和实证分析的价值，因此，问卷设计是非常重要的环节。本书在问卷设计时，主要参考了三个方面的因素：现有相关理论研究的文献；企业创新战略的访谈；现有相关文献运用的问卷调查。首先，查阅了大量有关董事会治理行为和企业创新战略等方面的理论研究文献，对这些方面研究内容及其具体内涵有了相当程度的掌握，并结合本书的研究内容设置相关的变量。其次，访谈了部分企业的中高级管理人员。通过走访中国银联总部、上海电气集团、上汽集团、交通银行总部等部分企业以及两家从事直投业务的投资公司，对董事会治理、企业创新战略和企业绩效等进行更深层次、更现实的了解，并对基于理论文献的变量进行了修订。最后，对相关领域的实证分析文献，特别是采用问卷调查的国内外相关文献进行查阅，借鉴他们在具体变量设计上的经验。

（二）问卷设计的可靠性

一般认为，在问卷可靠性设计方面，导致问卷结果出现偏差大致有四个方面的原因：一是应答者不知道所提问问题答案的信息；二是应答者不能回忆所提问问题答案的信息；三是虽然知道这些问题答案的信息，但是应答者不想回答这些问题；四是应答者不能理解所问的问题。针对这些问题，本书采取了以下措施：一是发放对象必须是企业的中高层管理人员。由于问卷涉及董事会治理和公司战略等内容，问卷填写人必须是中高层管理人员，才能了解相关信息，并对这些信息有更深的理解。二是对于问卷中需要的信息，请问卷填写人认真填写。如果需要的话，也可以查询相关资料，进行核对和佐证。三是在问卷中告知应答者，本研究结束后，将会将研究内容和结果的电子版通过电子邮件的方式发送给他们，希望对公司的经营提供一定的参考，另外，在问卷中明确说明，本问卷结果将用于学术研究，不涉及商业用途，以保证应答者回答信息的安全性。对于确实不想回答的，则不勉强。四是在问卷初步设计完成之后，选取了15家企业进行问卷预调查。根据预调研过程中被访者提出的问题和建议，对问卷进行了修改和完善。

二、数据来源

（一）研究对象的设定

根据我国公司法规定，公司包括有限责任公司和股份有限公司。有限责任公司的主要特点是：（1）是一个资合公司，但具有较强的人合因素；（2）各股东的出资共同组成公司的资本，但不需划分为等额股份；（3）不对外公开发行股票；（4）治理结构相对灵活，小的公司可以不设立董事会或监事会，只设执行董事或监事。股份有限公司的主要特点是：（1）是典型的资合公司；（2）设立程序严格；（3）一般须有健全的内部组织机构，必须设股东大会、董事会和监事会等。

本书研究了董事会治理对企业创新战略选择的影响，因此研究对象必须具备健全的组织结构和治理结构。由于有限责任公司不仅具有资合特点，而且具有较强的人合特点，还不完全具有现代企业制度的所有权与经营权分离的重要特征，同时有限责任公司一般不具备健全的组织机构，缺少董事会，或者即使设置董事会，但董事会运行机制不健全，因此本书的研究对象设定为股份有限公司。

（二）问卷的发放

问卷的发放主要有三种形式：一种是通过向作者所在高校的学生家长调研，经过筛选，共发放了100份纸质问卷，回收68份；二是通过一家保险公司总部，向其在全国各地的客户发放300份电子问卷，回收了202份；三是通过在上海某开发区调研时，发放了80份纸质问卷，共回收51份。总共回收问卷321份，回收率为66.9%。

（三）问卷的筛选

首先，筛选出那些有漏填、明显异常、显著趋同（如很多题项都是相同的选择，都选1或都选5等）等情况的问卷。其次，为了筛选出有效的问卷，在问卷设计时，通过对量表的部分题项进行了反向设计以来辨别无效问卷。通过这样的处理可以发现那些在原始问卷中明显答错的问卷，从而剔除这些问卷。最后，将经过初步判断有效的样本数据输入数据库，通过运行SPSS软件中的“Data Validation（数据验证）”，检验数据分布的正态性和异常值等情况，并根据软件的输出结果，对样本进行逐项筛选，从而进一步提高数据的质量。

经过上述的筛选过程，有效问卷191份，有效率为59.5%。本书采用了SEM（结构方程模型）实证方法，而SEM适用于大样本的统计分析（吴明隆，2010）。但关于到底多少样本适合呢？一般而言，大于200以上的样本才可以称得上是一个中型的样本，若要追求稳定的SEM分析结果，受试样本数最好在200以上（Velicer & Fava，1998）。虽然SEM的分析以大样本数较佳，但较新的统计检验方法允许

SEM 模型的估计可以少于 60 个观察值（Tabachnick & Fidell, 2007），因此，本书的有效问卷 191 份可以满足 SEM 分析的要求。

第二节 变量设计

在变量的测量与指标选择方面，各类变量测量题项的来源有以下几个方面：一是依据相关理论或文献研究结论分析得来；二是直接借鉴文献中出现的已经被证实有效或是相对成熟的测量题项；三是在文献提出的量表基础上结合本研究的实际情况调整得来；四是根据本研究的实地访谈结果直接提炼。

一、董事会治理变量的测量

根据前面的理论分析，从董事会的监督职能和服务职能两个维度，将董事会治理类型分为：控制型治理和协作型治理。所有题项都采用了李克特（Likert - type）5 级指标测量法。

（一）控制型治理

控制型治理主要内涵包括：监督职能强，

服务职能弱，并且监督是以财务目标考核为主，服务方式以诊断式、被动式为主，因此在题项设计中，本书围绕这两个方面展开的。对于监督职能，借鉴了 Hill，Hitt & Hoskisson（1992）以及 Hitt，Hoskisson，Johnson & Moesel（1996）对财务控制（financial control）变量的测量题项；对服务职能，借鉴了西蒙斯（2004）关于诊断控制系统（diagnostic control systems）的研究。该变量共设定了 7 个题项（具体题项参见附录 A）。

（二）协作型治理

协作型治理主要内涵包括：监督职能弱，服务职能强，并且监督以战略目标考核为主，服务方式以交互式、主动式为主。因此在题项设计中，本书围绕这两个方面展开的。对于监督职能，借鉴了 Hill，Hitt & Hoskisson（1992）以及 Hitt，Hoskisson，Johnson & Moesel（1996）对战略控制（strategic control）变量的测量题项；对服务职能，借鉴了西蒙斯（2004）关于交互式控制系统（interactive control systems）的研究。该变量也设定了 7 个题项（具体题项参见附录 A）。

二、创新战略选择变量的测量

本书研究的创新战略选择主要包括：自主创新和合作创新、产品创新和工艺创新、突变性创新和渐进性创新，具体测量指标就围绕这六种类型创新来设置。所有题项都采用李克特（Likert - type）5 级指标测量法。

（一）自主创新和合作创新

根据前面的分析，自主创新和合作创新的概念是从创新的主体来区分，而不应该根据创新的内容、创新的程度等方面来区分。自主创新主要是企业本身或主要依靠企业本身的力量来完成的，借鉴 Hitt，Hoskisson，Johnson & Moesel（1996）以及赵更申等（2006b）的分析，对该变量设定了 3 个题项；合作创新是由企业与其他主体共同进行的，借鉴赵更申等（2006b）的分析，对该变量设定了 4 个题项（具体题项参见附录 A）。

（二）产品创新和工艺创新

产品创新主要是指产出的差异化，提高商品的质量和种类，工艺创新是指产品的生产技术的变革，它包括新工艺、新设备和新的组织管理方式。在借鉴傅家骥等（1998），Thompson & Waldot（2000）等人的研究，对产品创新设定了3个题项，对工艺创新设定了5个题项（具体题项参见附录A）。

（三）突变性创新与渐进性创新

突破性创新不仅仅指技术、工艺上是很新，而且也强调能够给客户带来很大好处。在借鉴Gima（2005）、Chandy & Gerard（1998）、孙永风等（2007）的研究的基础上，本书对该变量设定了5个题项。渐进性创新是指在技术的变化很小、给客户新增的好处很低的创新，参考Ettlie等（1984）、Dewar & Dutton（1986），以及赵文红等（2008）、孙永风等（2007）等实证分析的基础上，对该变量设定了3个题项（具体题项参见附录A）。

三、企业绩效变量的测量

一般而言，绩效指标的测量方法有主观性（自我报告）及客观性（财务报表）两种，两者都经常使用于学术研究中，Dawes（1999）和Harris（2001）等认为由于客观绩效测量多涉及企业的商业机密，信息取得比较困难；同时，客观绩效测量还受企业长期投资的波动及投资回报率影响，无法及时获取信息。因此，主观绩效测量还是普遍用于企业绩效的研究当中。Dawes（1999）的研究结果也显示出主客观绩效测量方法为正相关，即主观与客观绩效的测量方法可以相互替代。因此本书采取主观测量方式，以问卷方式测量企业的绩效。

财务绩效主要反映销售收入增长、利润增长率、资产回报率等情况，市场绩效主要反映产品性能优势、市场份额、客户满意度等情况。在借鉴 Cooper & Kleinschmidt（1987）、刘石兰（2008）等量表设计的基础上，本书对市场绩效和财务绩效分别设定了 3 个题项（具体题项参见附录 A）。所有题项都采用李克特（Likert - type）5 级指标测量法。

第三节 结构方程模型

为了验证本书概念模型中的研究假设，除了数据收集、问卷设计和变量度量之外，选择合适的分析方法及程序也是非常重要的。本研究模型含有多个因变量，并且无法直接测量，这种变量叫做潜变量（latent variable），因而选择采用结构方程模型（structrual equation modeling，SEM）。

SEM最早在心理学研究领域广泛使用，后来逐步运用在社会学、管理学等学科。在心理科学的研究中，实验的方法一直都是揭示心理过程及现象的主流范式。但由于实验法过分强调控制而使研究结果的真实性和外推力受到局限，尤其是当面对成因复杂的人的行为以及人的许多高级心理现象时，多数情况下都很难对它们进行直接测量或客观标定。人们一直都在寻求以非实验的方法获取因果关系，以及通过考察人的外部表现（观察变量，observed variable）来了解其实质特性（潜在变量或心理概念）的技术，而结构方程模型正是这种思想的产物（孙连荣，2005）。

在社会科学以及经济、市场、管理等研究领域，有时需处理多个原因、多个结果的关系，或者会碰到不可直接观测的变量（即潜变量），这些都是传统的统计方法不能很好解决的问题。20世纪80年代以来，结构方程模型迅速发展，弥补了传统统计方法的不足，成为多元数据分析的重要工具。Bollen & Long（1993）认为，SEM大受欢迎的关键来自它们本身的普及性，就像在经济计量中，SEM可以允许同时考虑许多内生变量的方程，不像大多数的经济计量方法，SEM也允许外生变量与内生变量的测量误差或残差项的存在。就如在心理计量以及相关性的社会计量中被发展出来的因子分析，SEM 允许许多潜变量指标存在，并且可以评估其信度和效度。

一、结构方程模型的含义和特点

结构方程模型早期被称为线性结构关系模型（linear structural relationship）、协方差结构分析（covariance structure analysis）、潜变量分析（latent variable analysis）、验证性因子分析（confirmatory factor analysis）、简单的 LISREL 分析等。Mulaik & James（1995）认为 SEM 是一种呈现客观状态（objective status affairs）的数学模型。因此，它是一种呈现客观状态的语言。用统计学的语言说，SEM 是用来检验有关观察变量和潜变量之间假设关系的一种综合的统计方法。它之所以是一种综合的统计方法，是因为融合了因子分析和路径分析（path analysis）两种统计技术。此外，SEM 基本上是一种验证性的方法，通常必须有理论或经验法则支持，由理论来引导，在理论引导的前提下才能建构假设模型图。即使是模型的修正，也必须依据相关理论而来，它特别强调理论的合理性。

一般来讲，结构方程模型有如下优点（Bollen & Long，1993）：

1. 可同时考虑和处理多个因变量

在回归分析或路径分析中，就算统计结果的图表中展示了多个变量，其实在计算回归系数或路径系数时，仍是对每个因变量逐一计算。所以在计算对某一个变量的路径或关系时，忽略了其他因变量的存在及其影响。

2. 允许自变量和因变量含有测量误差

态度、行为、动机等变量，往往含有误差，也不能简单地用单一指标（题项）测量。SEM 容许自变量和因变量均含有测量误差。

3. 允许潜变量由多个观察指标构成，并可同时顾及各指标变量的信度和效度

假设要了解潜变量之间的关系，每个潜变量都用多个指标或题项测量，一个常用的做法是对每个潜变量，先用因子分析潜变量（因子）与题项的关系（即因子负荷），进而得到因子得分，作为潜变量的观测值，然后计算因子得分的相关系数，作为潜变量之间的相关系数。在 SEM 中，这两步同时进行，即因子与题

项之间的关系和因子与因子之间的关系同时考虑。

4. 可采用比传统方法更有弹性的测量明显模型

传统上，只容许每一个题项（指标）从属于单一因子，但 SEM 容许更加复杂的模型。传统因子分析难以处理一个指标从属于多个因子，或者考虑高阶因子等比较复杂的有从属关系的模型。

5. 估计整个模型的拟合程度

在传统路径分析中，只估计每一路径（变量间的关系）的强弱。在 SEM 中，除了上述参数的估计外，还可以对整体含有多个变量、复杂关系的模型的整体拟合度进行检验。

可以看出，相对于传统的分析方法，SEM 具有非常多的优点，这些优点使得它得到广泛使用，也非常适合本书的研究课题，因此，后面的实证分析使用了该方法。第一，由于控制型治理和协作型治理属于行为类变量，自主创新、合作创新、产品创新、工艺创新、突变性创新和渐进性变量等 6 个变量涉及企业对待创新的态度，属于态度类变量，企业绩效需要进行多维度测量，因而适用于潜变量分析。潜变量可以由多个观察指标构成。

第二，由于本书研究涉及多个因变量，包括7个创新变量和2个绩效变量，在一般的回归分析和路径分析中，需要对每个因变量进行计算，而SEM则允许对所有因变量进行同时计算，并可以考虑因变量之间可能存在的关系以及模型的整体拟合度。

因此，SEM非常适合本书实证分析的要求。为了加深对本书实证分析的理解，下面将简要介绍SEM的主要内容，同时简单介绍SEM评估的拟合度指标，以及SEM的使用步骤。

二、SEM的内容

一个完整的SEM包含两个次模型：测量模型（measurement model）和结构模型（structural model），测量模型描述的是潜变量如何被相应的观察变量所测量或概念化（operationalized）；而结构模型指的是潜变量之间的关系，以及模型中其他变量无法解释的变异量部分。

1. 测量模型

对于观察变量与潜变量之间的关系，通常

写成如下测量方程：

$$x = \Lambda_x \xi + \delta$$

$$y = \Lambda_y \eta + \varepsilon$$

其中，x 为外生观察变量组成的向量；y 为内生观察变量组成的向量；ξ 为外生潜变量（即它们的影响因素处于模型之外）；η 为内生潜变量（即由模型内变量作用所影响的变量）；Λ_x 为外生观察变量与外生潜变量之间的关系，称为外生观察变量在外生潜变量上的因子负荷矩阵；Λ_y 为内生观察变量与内生潜变量之间的关系，称为内生观察变量在内生潜变量上的因子负荷矩阵；δ 为外生观察变量 x 的误差项；ε 为内生观察变量 y 的误差项。

2. 结构模型

对于潜变量之间的关系，可写成如下结构方程：

$$\eta = B\eta + \Gamma\xi + \zeta$$

其中，η 为内生潜变量，B 为内生潜变量之间的关系；ξ 为外生潜变量，Γ 为外生潜变量对内生潜变量的影响；ζ 为结构方程的残差项，反映了 η 在方程中未能被解释的部分。

图 5－1 是一个结构方程模型示例。图中 ξ_1、ξ_2 为外生潜变量，η_1、η_2 为内生潜变量，x_1、x_2 为 ξ_1 的测量指标，x_3、x_4 为 ξ_2 的测量指

标，y_1、y_2 为 η_1 的测量指标，y_3、y_4 为 η_2 的测量指标，δ_1、δ_2、δ_3、δ_4、ε_1、ε_2、ε_3、ε_4 为对应指标的测量误差，λ_{x11}、λ_{x21}、λ_{x32}、λ_{x42}、λ_{y11}、λ_{y21}、λ_{y32}、λ_{y42}为指标在对应潜变量上的因子负载，Φ_{21}表示外生变量 ξ_1、ξ_2 之间的相关性，γ_{11}、γ_{12}、γ_{21}、γ_{22}表示外生变量 ξ_1、ξ_2 对内生变量 η_1、η_2 的影响，β_{21}为内生变量 η_1 对 η_2 的影响，ζ_1、ζ_2 分别为内生变量 η_1、η_2 的残差。

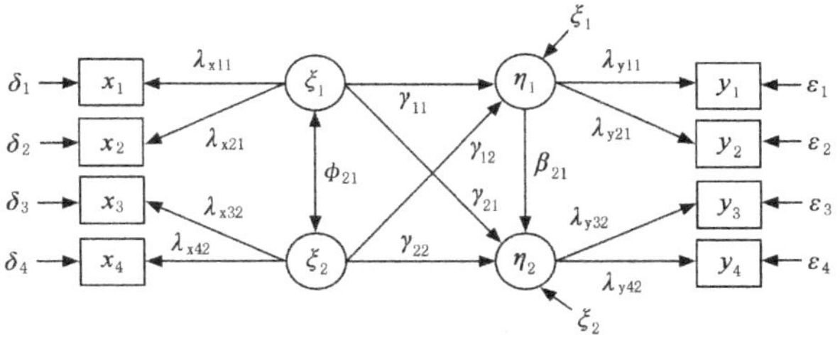

图 5-1 结构方程模型示意图

三、结构方程模型的评估

结构方程模型评估的首要任务是用样本数据对所设定的模型参数进行估计，再根据这些参数估计来重建（reproduce）方差和协方差，然后尽可能地将重建的方差和协方差矩阵和观测方差和协方差矩阵相匹配；引申的方差和协方差矩阵匹配观测方差和协方差矩阵的程度，决定了结构方程模型拟合样本数据的程度。模型重建的方差和协方差矩阵非常接近于观测的方差和协方差矩阵时，残差矩阵各元素接近于0，即表示模型拟合数据了。

第一个拟合度指标是卡方值χ^2。卡方值越小，表明数据与计量模型的拟合程度越高。美国社会统计学者威顿（Blar Wheaton）等人认为，卡方值与自由度之比在5：0左右，表明模型与数据的拟合程度是可以接受的。有些学者采用更严格的标准。他们认为，卡方值与自由度之比在1～3之间，模型与数据的拟合程度才是可以接受的。第二个指标是卡方检验的p值。p值不显著，表明模型与数据的拟合度较高。但卡方值受样本量的影响，样本量越大，卡方值也就越大，p值一般都是显著的。拟合度指标（*GFI*）类似回归分析中的可解释变量（R^2）（Tanaka&Huba，1989），而*AGFI*（adjusted GFI）则类似于回归分析当中的调整后可解释变量（adjusted R^2），*GFI*与*AGFI*指标一般需要大于0.9才可视为具有理想的拟合程度，并且越大越好，1则代表完美拟合；基准的拟合度指标（*NFI*）可视为是一个假设模型比起最糟糕模型的改善情形。就*NFI*指标而言，其值介于0和1之间，至少要大于0.9才可以接受；理想的平均残差平方根（*RMSR*）

则应小于 0.05 (Hair, Anderson, Tatham and Black, 1998)。因此,主要根据规范拟合指数(*NFI*)、不规范拟合指数(*NNFI*)、比较拟合指数(*CFI*)、增量拟合指数(*IFI*)、相对拟合指数(*RFI*)、拟合优度指数(*GFI*)、调整后拟合优度指数(*AGFI*)、均方根残差(*RMR*)、近似均方根残差(*RMSEA*)等指标,衡量模型与数据的拟合度。拟合度指标及其评价标准值见表 5-1。

表 5-1 结构方程模型拟合度指标及评价标准

衡量拟合度的指标	评价标准
自由度	$1 < \chi^2/df < 3$
卡方值(χ^2)	
规范拟合指数(*NFI*)	大于 0.9
不规范拟合指数(*NNFI*)	大于 0.9
比较拟合指数(*CFI*)	大于 0.9
增量拟合指数(*IFI*)	大于 0.9
相对拟合指数(*RFI*)	大于 0.9
拟合优度指数(*GFI*)	大于 0.9
调整后拟合优度指数(*AGFI*)	大于 0.8
均方根残差(*RMR*)	小于 0.08
近似均方根残差(*RMSEA*)	小于 0.10

四、SEM的使用步骤

应用结构方程模型进行统计分析一般可以粗略分为四个步骤（侯杰泰等，2004）：

1. 模型建构

在进行模型估计之前，首先要根据理论或以往的研究成果来建构假设的初始理论模型，包括指定观测变量与潜变量的关系，各潜变量之间的相互关系。

2. 模型拟合

在建构一个新模型后，就要设法求出模型的解，主要是模型参数的估计，目标是求参数使得模型隐含的协方差矩阵与样本协方差矩阵“差距”最小，对这个矩阵之间的差距，有很多种不同的定义方式，最常用的模型参数估计方法是最大似然法和广义最小二乘法。

3. 模型评价

在取得了参数估计值之后，需要对模型与数据之间是否拟合进行评价，主要检视：结构方程的解是否适当，包括迭代估计是否收敛（iterated estimate converges），各参数估计值是否在合理范围内，参数与预设模型的关系是否合理，检视多个不同类型的整体拟合指数，如*NNFI*、*CFI*、*RMSEA*、χ^2 等，以衡量模型的拟合程度。

4. 模型修正

如果模型不能很好地拟合数据，就需要对模型进行修正和再次设定。在这种情况下，需要决定如何删除、增加或修改模型的参数。模型修正方法可根据统计输出的改善模型拟合度的统计量“修正指数”*MI* 和“期望改变量”*CH* 的数值来进行。模型中的每个固定参数或约束参数（指限定在某一区间内的参数）均相应地有一对 *MI* 和 *CH*，一个固定参数的 *MI* 是表示将该固定参数“放宽”其限制条件而使其成为待估的自由参数后，模型的拟合指数 χ^2 值下降的期望量数值（χ^2 值越小，模型的拟合度就越好）。*CH* 表示该固定参数放宽成自由参数后预期的改变量（差数）。如果在输出中出现较大的 *MI*，就可将最大 *MI* 对应的固定参数放宽成自由参数，再次对修正后的模型进行参数估计和拟合性检验。每次修正，只能放宽一个固定参数，逐个进行。

第六章

模型模拟与假设检验

本章首先利用 SPSS17.0 软件对数据进行信度检验，然后利用 AMOS17.0 软件，对数据采用探索性因子分析和验证性因子分析两种方法进行效度检验，确定数据符合结构方程模型的要求，最后对数据进行了模型模拟和假设检验。

第一节 信度检验

一、信度检验的基本原理

信度检验（reliability analysis），又称可靠

性分析，是一种度量综合评价体系是否具有一定的稳定性和可靠性的有效分析方法。制作完成一份量表或问卷后，首先应该对该测验工具进行信度分析，以确保可靠性和稳定性，以免影响问卷内容分析结果的准确性。信度理论认为，每一个观察值（X）总是由真实值（T）和误差值（E）两个部分构成的，公式为：$X = T + E$，而信度越高表示其误差值越低，这样所得到的观察值就不会因为形式或时间的改变而改变，从而具有相当的稳定性。检测信度的方法有很多种，主要有三种：

（1）重测信度法。用同样的问卷对同一被测，间隔一定的时间重复测试，计算两次测试结果的相关关系，即跨时间的一致性。如果问卷设计合理，重复测量的结果间应该高度相关。由于本书并没有进行多次重复测量，所以主要采用反映内部一致性的指标来测量数据的信度。

（2）折半信度（split - half reliability）。该方法是将测量工具中的题项按奇偶数或前后分成两半，采用 Spearman - brown 公式估计相关系数，相关系数高表示内部一致性好。然而，折半信度系数是建立在两半问题题项分数的方差相等这一假设基础上的，但实际数据并不一定满足这一假定，因此信度往往被低估。

（3）Cronbach's α 系数。该方法是目前最常用的方法，它将测量工具中任一题项结果同其他所有题项作比较，对量表内部一致性估计更为慎重，因此克服了折半信度的缺点。

以 Cronbach's α 系数来测量同一理论维度下各题项间的一致性，在基础研究中，信度至少应达到 0.80 才可接受；在探索性研究中，信度只要达到 0.70 就可以接受。另外也有学者认为，α 系数介于 0.70 至 0.98 之间，都算是高信度值；而若低于 0.35 者，便必须予以拒绝。在实践中，α 值只要 0.6，即可宣称该测量工作的信度是可接受的（林震岩，2007）。除了 α 系数外，本书还根据“校正的项总计相关性（corrected item - total correlation，CITC）”来作为题项可接受的标准。因此，题项可接受的标准是：（1）校正的项总计相关性大于 0.3；（2）“项已删除的 Cronbach's Alpha 值”小于所在维度的 Cronbach's Alpha 值；（3）各维度的 Cronbach's Alpha 值大于 0.7。

二、量表的信度检验

本书研究包括的潜变量或测量维度都有 10

个，利用 SPSS17.0 的信度分析功能，对这些变量题项进行了信度检验，汇总结果见表 6 – 1。

表 6 – 1　　测量变量的信度检验结果表

测量维度	题项编号	校正的项总计相关性（CITC）	项已删除的 Cronbach's Alpha 值	Cronbach's Alpha 值
控制型治理	KZ1	0.287	0.651	0.673
	KZ2	0.375	0.620	
	KZ3	0.433	0.603	
	KZ4	0.379	0.620	
	KZ5	0.438	0.609	
	KZ6	0.423	0.605	
	KZ7	0.291	0.649	
协作型治理	XZ1	0.789	0.864	0.892
	XZ2	0.648	0.881	
	XZ3	0.565	0.891	
	XZ4	0.725	0.872	
	XZ5	0.728	0.872	
	XZ6	0.692	0.876	
	XZ7	0.685	0.877	
突变性创新	TB1	0.750	0.876	0.899
	TB2	0.729	0.880	

续表

测量维度	题项编号	校正的项总计相关性（CITC）	项已删除的 Cronbach's Alpha 值	Cronbach's Alpha 值
突变性创新	TB3	0.764	0.873	0.899
	TB4	0.781	0.869	
	TB5	0.723	0.881	
渐进性创新	JJ1	0.667	0.810	0.839
	JJ2	0.745	0.735	
	JJ3	0.695	0.781	
自主创新	ZZ1	0.615	0.642	0.757
	ZZ2	0.521	0.748	
	ZZ3	0.627	0.628	
合作创新	HZ1	0.575	0.686	0.756
	HZ2	0.570	0.689	
	HZ3	0.570	0.688	
	HZ4	0.495	0.730	
产品创新	CP1	0.835	0.786	0.886
	CP2	0.751	0.862	
	CP3	0.750	0.862	
工艺创新	GY1	0.659	0.866	0.881
	GY2	0.741	0.847	
	GY3	0.748	0.845	

续表

测量维度	题项编号	校正的项总计相关性（CITC）	项已删除的 Cronbach's Alpha 值	Cronbach's Alpha 值
工艺创新	GY4	0.789	0.835	0.881
	GY5	0.635	0.874	
财务绩效	CW1	0.638	0.706	0.897
	CW2	0.759	0.846	
	CW3	0.564	0.670	
市场绩效	SC1	0.763	0.834	0.864
	SC2	0.652	0.749	
	SC3	0.702	0.799	

从表6－1可以看出，在10个测量维度中，只有“控制型治理”维度的Cronbach's Alpha值小于0.7，其余的都大于0.7，表示数据的可靠性较高。通过分析“校正的项总计相关性”，发现“控制型治理”维度中的KZ1和KZ7两题项的结果分别为0.287、0.291，都低于0.3（见表6－1中的阴影部分），因此，将题项KZ1和KZ7进行剔除。

将这两个题项剔除后，对“控制型治理”维度进行再次信度检验，详见表6－2。

表 6－2　控制型治理维度的信度再检验结果表

测量维度	题项编号	校正的项总计相关性（CITC）	项已删除的 Cronbach's Alpha 值	Cronbach's Alpha 值
控制型治理	KZ2	0.472	0.236	0.693
	KZ3	0.474	0.262	
	KZ4	0.553	0.441	
	KZ5	0.522	0.420	
	KZ6	0.207	0.067	

从表 6－2 可以看出，“控制型治理”维度的 Cronbach's Alpha 值大于 0.7，但 KZ6 题项的校正的项总计相关性为 0.207，小于 0.3（见表 6－2 中的阴影部分），因此需要将其剔除。剔除后，对控制型治理维度进行再次检验，结果见表 6－3。

表 6－3　控制型治理维度的第三次信度检验结果

测量维度	题项编号	校正的项总计相关性（CITC）	项已删除的 Cronbach's Alpha 值	Cronbach's Alpha 值
控制型治理	KZ2	0.430	0.730	0.741
	KZ3	0.504	0.685	
	KZ4	0.612	0.621	
	KZ5	0.575	0.651	

从表 6－3 可以看出，此次检验的结果符合前面的三项判断标准，Cronbach's Alpha 值为 0.741，大于 0.7，所有题项的校正的项总计相关性都大于 0.3，且项已删除的 Cronbach's Alpha 值都小于 0.741，这说明了经过修正后的测量题项已经是可信的。

第二节 效度检验

一、效度检验的基本原理

（一）效度概念

效度（validity）指测量工具能够正确测量出所要测量的特质的程度，分为内容效度（content validity）、效标效度（criterion validity）和建构效度（construct validity）三个主要类型。

内容效度也称表面效度或逻辑效度，是指测量目标与测量内容之间的适合性与相符性。对内容效度常采用逻辑分析与统计分析相结合的方法进行评价。逻辑分析一般由研究者或专家评判所选题项是否“看上去”符合测量的目的和要求。

效标效度也称实证效度，是指用不同的几种测量方式或不同的指标对同一变量进行测量，并将其中的一种方式作为准则（效标），用其他的方式或指标与这个准则作比较，如果其他方式或指标也有效，那么这个测量即具备效标效度。例如，X 是一个变量，使用 X_1、X_2 两种工具进行测量。如果使用 X_1 作为准则，并且 X_1 和 X_2 高度相关，就说 X_2 也是具有很高的效度。当然，使用这种方法的关键在于作为准则的测量方式或指标一定要是有效的，否则越比越差。

建构效度也称结构效度或理论效度，是指测量工具反映概念和命题的内部结构的程度，也就是说如果问卷调查结果能够测量其理论特征，使调查结果与理论预期一致，就认为数据是具有结构效度的。它一般是通过测量结果与理论假设相比较来检验的。建构效度分为收敛效度（convergent validity）和区别效度（discriminant validity）。这两个效度要同时获得，才可认为具有建构效度。

简单来说，所谓效度包含两个条件（荣泰生，2009），第一个条件是，该测量工具确实是在测量其所要探讨的观念，而非其他观念（例如，测量“智能”的工具，就是测量“智力”，而不是测量忠诚、信念等其他观念）；第二个条件是，能正确地测量出该观念（例如，智商是100的人，通过测量工具所测得的智商就是100）。

再来分析效度和信度的关系。效度是测量的首要条件，信度是效度不可或缺的辅助品。换句话，信度是效度的必要条件，而非充分条件。一个测试如果无信度，则无效度，但有信度，未必有效度。效度涉及的是正确性的问题，信度所涉及的是“与现象或个体的改变（或不变）保持一致”的问题（荣泰生，2009）。

（二）效度检验的方法

在实际操作的过程中，前面两种效度（内容效度和校标效度）往往要求专家定性研究或具有公认的效标测量，因而难以实现的，而结构效度便于可以采用多种方法来实现。在此，本书主要对构建效度进行检验。建构效度对社会行为科学的测量而言是相当重要的效度指标。许多社会行为科学的理论都是依据假设构建（hypothetical constructs）来形成的（黄芳铭，2005）。

过去主要采用探索性因子分析方法（exploratory factor analysis，简称EFA）来对建构效度进行检验。但这种检验方法是相当具有争议的，EFA 是在因子分析完后依据题项的收敛情形来命名。可以说是“事后诸葛亮”，那么，理论的角色是事后的，不是事前的，使得理论的角色顿然失色。所以说，EFA 所获得的建构式倾向于统计的而非逻辑的（黄芳铭，2005）。

相对于 EFA，验证性因子分析方法（confirmatory factor analysis，简称 CFA）则是基于实质的理论。它让研究者依据事先的理论所建立的建构或概念来界定一组与建构相关联的指标。也就是说，整个模式或者说建构与指标之间的系统性假设关系是事先被建立的。因此，验证性因子分析是具有逻辑的，也具有操作性的特质。当使用资料来证明模式的可接受性时，则又具有统计的特征（黄芳铭，2005）。探索性因子分析的目的是在于确认量表因子结构（factor structure）或一组变量的模型，常考虑的是要决定多少个因子或构念，同时因子负荷量的组型如何。相反的，验证性因子分析通常会依据一个严谨的力量，或在实证基础上，允许研究者事先确认一个正确的因子模型，这个模型通常明确将变量归类于哪个因子层面中，并同时决定因素构念间是相关的（吴明隆，2010）。在实际应用中，研究可能同时会使用到探索性因子分析和验证性因子分析

（Stevens，1996）。在量表或问卷编制的预试基础上，需要先进行探索性因子分析，不断尝试，以求得量表最佳的因子结构，建立问卷的构建效度。当量表的各因子与其题项均已固定，可以通过验证性因子分析来研究量表的因子结构模型是否与实际搜集的数据契合，指标变量是否可以有效作为因子构念（潜在变量）的测量变量。本书将同时用这两种方法进行效度检验。

二、探索性因子分析

（一）检验标准

在进行因子分析前，先进行 KMO 样本测度（Kaiser - Meyer - Olkin measure of sampling adequacy），以检验各测量题项之间是否具有相关性。当 KMO 值愈大时，表示变量间的共同因素愈多，愈适合进行因子分析。根据 Kaiser 的观点，如果 KMO＞0.9（很棒，marvelous）、KMO＞0.7（中等，middling）、KMO＞0.6（普通，mediocre）、KMO＞0.5（粗劣，miserable）、KMO＜0.5（不能接受，unacceptable）时，较不宜进行因子分析。

巴特利球形检验（Bartlett test of sphericity）用于检验总体变量相关矩阵是否是单位阵（identity matrix，所有非对角线元素为 0 的矩阵），即各变量是否独立。它是以变量的相关系数矩阵为出发点，零假设：相关系数矩阵是一个单位阵。如果巴特利球形检验的统计计量数值较大，且对应的相伴概率值小于给定的显著性水平，则应该拒绝零假设；反之，则不能拒绝零假设，认为相关系数矩阵可能是一个单位阵，不适合做因子分析。若假设不能被否定，则说明这些变量间可能各自独立提供一些信息，缺少公因子。

探索性因子分析采用主成分分析法（principal components analysis）并结合方差最大正交旋转（varimax rotation），以使分析结构便于解释。在旋转因子时，研究者希望每个因子仅仅在一部分变量上有着非零或大的负荷值，也希望每个变量仅在一个因子上有非零或大的负荷。因子旋转不会影响公因子方差和全部被解释方差的百分比。

探索性因子分析来自负荷值可检验变量的收敛效度及变量间的区别效度。来自各变量的题项因子负荷值越大，表示收敛效度越高，通常因子负荷值大于 0.50 以上才保留，否则提出该题项后再执行一次因子分析。区别效度是指来自不同变量的题项彼此间相关性要低，一个测量题项在其他变量的值越小，通常小于 0.50，表示区别效度越高。本书采用的标准是：因子负荷值在 0.50 以上，同时测量题项在其他变量上的负荷不超过 0.50。

因子数量的确定通常考虑因子的特征值大于 1 的情形，但同时也要考虑主成分累计贡献率，一般在 70% 以上比较合适。所以，因子数量的确定是特征值与主成分累计贡献率综合考虑的结果。

本书因子分析的标准是：（1）KMO 值大于 0.70；（2）概率小于 0.05；（3）因子负荷值大于 0.50，且在其他变量的负荷值不超过 0.50；（4）因子数量确定根据特征值大于 1 或主成分累计贡献率超过 70% 来确定。

（二）具体检验

1. 控制型治理变量效度检验

根据理论分析，控制型治理包含 7 个变量：*KZ*1、*KZ*2、*KZ*3、*KZ*4、*KZ*5、*KZ*6、*KZ*7。经过前面的信度检验，剔除了 *KZ*1、*KZ*6、*KZ*7 三个题项，保留了剩下的 *KZ*2、*KZ*3、*KZ*4、*KZ*5 四个题项。使用主成分法和方差最大正交旋转法，经过 KMO 以及 Bartlett 检验，Bartlett 球体检验近似卡方统计量为 178.935，相应的概率 sig 为 0.000，因此，可以认为相关系数矩阵与单位阵有显著差异，同时，KMO 值为 0.71，大于 0.70，根据 Kaiser 给出的 KMO 度量标准可知变量适合做因子分析。

从表 6－4 可见，在取特征值大于 1 的主成分作为因子后，根据 Kaiser 准则进行分析，四个题项被提取了 1 个因子，该因子的特征值为 2.266，解释变量总方差的 56.641%，符合因子数量确定是根据特征值大于 1 或主成分累计贡献率超过 80% 来确定的准则。

表 6－4　　　　解释的总方差 1

成分	初始特征值			提取平方和载入		
	合计	方差的 %	累积 %	合计	方差的 %	累积 %
1	2.266	56.641	56.641	2.266	56.641	56.641
2	.745	18.625	75.266			
3	.622	15.547	90.813			
4	.367	9.187	100.000			

提取方法：主成分分析。

由于只有一个因子，因此也无法产生旋转成分矩阵，只有未旋转的成分矩阵。本书用成分矩阵进行分析，因子负荷值仍然必须大于 0.50。从表 6－5 可以看出，这个因子在四个变量上都有非常高的负荷值，超过 0.50。

表 6-5　　成分矩阵[a]1

	成分
	1
KZ2	.644
KZ3	.725
KZ4	.827
KZ5	.801

提取方法：主成分分析法。

a. 已提取了 1 个成分。

2. 协作型治理变量效度检验

根据理论分析，协作型治理包含 7 个变量：XZ1、XZ2、XZ3、XZ4、XZ5、XZ6、XZ7。经过前面的信度检验，没有题项被剔除，全部题项都得以保留。使用主成分法和方差最大正交旋转法，经过 KMO 以及 Bartlett 检验，Bartlett 球体检验近似卡方统计量为 714.437，相应的概率 sig 为 0.000，因此，可以认为相关系数矩阵与单位阵有显著差异，同时，KMO 值为 0.875，大于 0.70，根据 Kaiser 给出的 KMO 度量标准可知变量适合做因子分析。

从表 6-6 可见，在取特征值大于 1 的主成分作为因子后，根据 Kaiser 准则进行分析，七个题项被提取了 1 个因子，该因子的特征值为 4.271，解释变量总方差的 61.013%，符合因子数量确定是根据特征值大于 1 或主成分累计贡献率超过 80% 来确定的准则。

表 6-6　　解释的总方差 2

成分	初始特征值			提取平方和载入		
	合计	方差的 %	累积 %	合计	方差的 %	累积 %
1	4.271	61.013	61.013	4.271	61.013	61.013
2	.792	11.309	72.322			
3	.628	8.972	81.293			
4	.427	6.096	87.390			
5	.360	5.148	92.537			
6	.298	4.250	96.788			
7	.225	3.212	100.000			

提取方法：主成分分析。

由于只有一个因子，因此也无法产生旋转成分矩阵，只有未旋转的成分矩阵。本书用成分矩阵进行分析，因子负荷值仍然必须大于 0.50。从表 6-7 可以看出，这个因子在 7 个变量上都有非常高的负荷值，超过 0.50。

表 6－7　　成分矩阵[a]2

	成分
	1
*XZ*1	.856
*XZ*2	.745
*XZ*3	.667
*XZ*4	.808
*XZ*5	.812
*XZ*6	.786
*XZ*7	.780

提取方法：主成分分析法。

a. 已提取了 1 个成分。

3. 突变性创新变量效度检验

根据理论分析，突变性创新包含 5 个变量：*TB*1、*TB*2、*TB*3、*TB*4、*TB*5。经过前面的信度检验，没有题项被剔除，全部题项都得以保留。使用主成分法和方差最大正交旋转法，经过 KMO 以及 Bartlett 检验，Bartlett 球体检验近似卡方统计量为 537.659，相应的概率 sig 为 0.000，因此，可以认为相关系数矩阵与单位阵有显著差异，同时，KMO 值为 0.886，大于 0.70，根据 Kaiser 给出的 KMO 度量标准可知变量适合做因子分析。

从表 6－8 可见，在取特征值大于 1 的主成分作为因子后，根据 Kaiser 准则进行分析，5 个题项被提取了 1 个因子，该因子的特征值为 3.561，解释变量总方差的 71.215%，符合因子数量确定是根据特征值大于 1 或主成分累计贡献率超过 80% 来确定的准则。

表 6－8　　　　解释的总方差 3

成分	初始特征值			提取平方和载入		
	合计	方差的 %	累积 %	合计	方差的 %	累积 %
1	3.561	71.215	71.215	3.561	71.215	71.215
2	.429	8.572	79.787			
3	.397	7.950	87.737			
4	.324	6.473	94.209			
5	.290	5.791	100.000			

提取方法：主成分分析。

由于只有一个因子，因此也无法产生旋转成分矩阵，只有未旋转的成分矩阵。本书用成分矩阵进行分析，因子负荷值仍然必须大于 0.50。从表 6－9 可以看出，这个因子在 5 个变量上都有非常高的负荷值，远远超过 0.50。

表 6-9　　　　成分矩阵[a]3

	成分
	1
*TB*1	.844
*TB*2	.830
*TB*3	.855
*TB*4	.866
*TB*5	.824

提取方法：主成分分析法。

a. 已提取了 1 个成分。

4. 渐进性创新变量效度检验

根据理论分析，渐进性创新包含 3 个变量：*JJ*1、*JJ*2、*JJ*3。经过前面的信度检验，没有题项被剔除，全部题项都得以保留。使用主成分法和方差最大正交旋转法，经过 KMO 以及 Bartlett 检验，Bartlett 球体检验近似卡方统计量为 230.683，相应的概率 sig 为 0.000，因此，可以认为相关系数矩阵与单位阵有显著差异，同时，KMO 值为 0.717，大于 0.70，根据 Kaiser 给出的 KMO 度量标准可知变量适合做因子分析。

从表 6-10 可见，在取特征值大于 1 的主成分作为因子后，根据 Kaiser 准则进行分析，三个题项被提取了 1 个因子，该因子的特征值为2.272，解释变量总方差的75.722%，符合因子数量确定是根据特征值大于1或主成分累计贡献率超过80%来确定的准则。

表6－10　　　　解释的总方差4

成分	初始特征值			提取平方和载入		
	合计	方差的%	累积%	合计	方差的%	累积%
1	2.272	75.722	75.722	2.272	75.722	75.722
2	.423	14.091	89.813			
3	.306	10.187	100.000			

提取方法：主成分分析。

由于只有一个因子，因此也无法产生旋转成分矩阵，只有未旋转的成分矩阵。本书用成分矩阵进行分析，因子负荷值仍然必须大于0.50。从表6－11可以看出，这个因子在3个变量上都有非常高的负荷值，远远超过0.50。

表6－11　　　　成分矩阵[a]4

	成分
	1
*JJ*1	.849
*JJ*2	.894
*JJ*3	.867

提取方法：主成分分析法。

a. 已提取了1个成分。

5. 自主创新变量效度检验

根据理论分析，自主创新包含3个变量：ZZ1、ZZ2、ZZ3。经过前面的信度检验，没有题项被剔除，全部题项都得以保留。使用主成分法和方差最大正交旋转法，经过KMO以及Bartlett检验，Bartlett球体检验近似卡方统计量为142.596，相应的概率sig为0.000，因此，可以认为相关系数矩阵与单位阵有显著差异，同时，KMO值为0.776，大于0.70，根据Kaiser给出的KMO度量标准可知变量适合做因子分析。

从表6－12可见，在取特征值大于1的主成分作为因子后，根据Kaiser准则进行分析，三个题项被提取了1个因子，该因子的特征值为2.021，解释变量总方差的67.378%，符合因子数量确定是根据特征值大于1或主成分累计贡献率超过80%来确定的准则。

表6－12　　　　解释的总方差5

成分	初始特征值			提取平方和载入		
	合计	方差的%	累积%	合计	方差的%	累积%
1	2.021	67.378	67.378	2.021	67.378	67.378
2	.576	19.211	86.589			
3	.402	13.411	100.000			

提取方法：主成分分析。

由于只有一个因子，因此也无法产生旋转成分矩阵，只有未旋转的成分矩阵。本书用成分矩阵进行分析，因子负荷值仍然必须大于0.50。从表6-13可以看出，这个因子在3个变量上都有非常高的负荷值，远远超过0.50。

表6-13　成分矩阵[a]5

	成分
	1
*ZZ*1	.842
*ZZ*2	.770
*ZZ*3	.849

提取方法：主成分分析法。

a. 已提取了1个成分。

6. 合作创新变量效度检验

根据理论分析，合作创新包含4个变量：*HZ*1、*HZ*2、*HZ*3、*HZ*4。经过前面的信度检验，没有题项被剔除，全部题项都得以保留。使用主成分法和方差最大正交旋转法，经过KMO以及Bartlett检验，Bartlett球体检验近似卡方统计量为223.928，相应的概率sig为0.000，因此，可以认为相关系数矩阵与单位阵有显著差异，同时，KMO值为0.755，大于0.70，根据Kaiser给出的KMO度量标准可知变量适合做因子分析。

从表 6-14 可见，在取特征值大于 1 的主成分作为因子后，根据 Kaiser 准则进行分析，四个题项被提取了 1 个因子，该因子的特征值为 2.314，解释变量总方差的 57.840%，符合因子数量确定是根据特征值大于 1 或主成分累计贡献率超过 80% 来确定的准则。

表 6-14 解释的总方差 6

成分	初始特征值			提取平方和载入		
	合计	方差的 %	累积 %	合计	方差的 %	累积 %
1	2.314	57.840	57.840	2.314	57.840	57.840
2	.929	23.221	81.061			
3	.426	10.645	91.706			
4	.332	8.294	100.000			

提取方法：主成分分析。

由于只有一个因子，因此也无法产生旋转成分矩阵，只有未旋转的成分矩阵。本书用成分矩阵进行分析，因子负荷值仍然必须大于 0.50。从表 6-15 可以看出，这个因子在四个变量上都有非常高的负荷值，远远超过 0.50。

表 6-15　　成分矩阵[a]6

	成分
	1
*HZ*1	.789
*HZ*2	.784
*HZ*3	.764
*HZ*4	.703

提取方法：主成分分析法。

a. 已提取了 1 个成分。

7. 产品创新变量效度检验

根据理论分析，产品创新包含 3 个变量：*CP*1、*CP*2、*CP*3。经过前面的信度检验，没有题项被剔除，全部题项都得以保留。使用主成分法和方差最大正交旋转法，经过 KMO 以及 Bartlett 检验，Bartlett 球体检验近似卡方统计量为 326.789，相应的概率 sig 为 0.000，因此，可以认为相关系数矩阵与单位阵有显著差异，同时，KMO 值为 0.721，大于 0.70，根据 Kaiser 给出的 KMO 度量标准可知变量适合做因子分析。

从表 6-16 可见，在取特征值大于 1 的主成分作为因子后，根据 Kaiser 准则进行分析，三个题项被提取了 1 个因子，该因子的特征值为2.443，解释变量总方差的81.441%，符合因子数量确定是根据特征值大于1或主成分累计贡献率超过80%来确定的准则。

表6-16　　解释的总方差7

成分	初始特征值			提取平方和载入		
	合计	方差的 %	累积 %	合计	方差的 %	累积 %
1	2.443	81.441	81.441	2.443	81.441	81.441
2	.352	11.735	93.175			
3	.205	6.825	100.000			

提取方法：主成分分析。

由于只有一个因子，因此也无法产生旋转成分矩阵，只有未旋转的成分矩阵。本书用成分矩阵进行分析，因子负荷值仍然必须大于0.50。从表6-17可以看出，这个因子在3个变量上都有非常高的负荷值，远远超过0.50。

表6-17　　成分矩阵[a]7

	成分
	1
*CP*1	.932
*CP*2	.887
*CP*3	.888

提取方法：主成分分析法。

a. 已提取了1个成分。

8. 工艺创新变量效度检验

根据理论分析，工艺创新包含5个变量：*GY*1、*GY*2、*GY*3、*GY*4、*GY*5。经过前面的信度检验，没有题项被剔除，全部题项都得以保留。使用主成分法和方差最大正交旋转法，经过KMO以及Bartlett检验，Bartlett球体检验近似卡方统计量为482.052，相应的概率sig为0.000，因此，可以认为相关系数矩阵与单位阵有显著差异，同时，KMO值为0.867，大于0.70，根据Kaiser给出的KMO度量标准可知变量适合做因子分析。

从表6-18可见，在取特征值大于1的主成分作为因子后，根据Kaiser准则进行分析，5个题项被提取了1个因子，该因子的特征值为3.392，解释变量总方差的67.845%，符合因子数量确定是根据特征值大于1或主成分累计贡献率超过80%来确定的准则。

表6-18 解释的总方差8

成分	初始特征值			提取平方和载入		
	合计	方差的%	累积%	合计	方差的%	累积%
1	3.392	67.845	67.845	3.392	67.845	67.845
2	.553	11.057	78.902			
3	.446	8.912	87.814			

续表

成分	初始特征值			提取平方和载入		
	合计	方差的 %	累积 %	合计	方差的 %	累积 %
4	.341	6.817	94.631			
5	.268	5.369	100.000			

提取方法：主成分分析。

由于只有一个因子，因此也无法产生旋转成分矩阵，只有未旋转的成分矩阵。本书用成分矩阵进行分析，因子负荷值仍然必须大于0.50。从表6－19可以看出，这个因子在5个变量上都有非常高的负荷值，远远超过0.50。

表6－19　　　　成分矩阵[a]8

	成分
	1
*GY*1	.781
*GY*2	.846
*GY*3	.850
*GY*4	.876
*GY*5	.759

提取方法：主成分分析法。

a. 已提取了1个成分。

9. 财务绩效变量效度检验

根据理论分析，财务绩效包含3个变量：

CW1、CW2、CW3。经过前面的信度检验，没有题项被剔除，全部题项都得以保留。使用主成分法和方差最大正交旋转法，经过 KMO 以及 Bartlett 检验，Bartlett 球体检验近似卡方统计量为 228.025，相应的概率 sig 为 0.000，因此，可以认为相关系数矩阵与单位阵有显著差异，同时，KMO 值为 0.768，大于 0.70，根据 Kaiser 给出的 KMO 度量标准可知变量适合做因子分析。

从表 6－20 可见，在取特征值大于 1 的主成分作为因子后，根据 Kaiser 准则进行分析，3 个题项被提取了 1 个因子，该因子的特征值为 2.395，解释变量总方差的 73.352%，符合因子数量确定是根据特征值大于 1 或主成分累计贡献率超过 80% 来确定的准则。

表 6－20　　　　解释的总方差 9

成分	初始特征值			提取平方和载入		
	合计	方差的 %	累积 %	合计	方差的 %	累积 %
1	2.395	73.352	73.352	2.395	73.352	73.352
2	.638	12.741	86.093			
3	.274	13.907	100.000			

提取方法：主成分分析。

由于只有一个因子，因此也无法产生旋转

成分矩阵，只有未旋转的成分矩阵。本书用成分矩阵进行分析，因子负荷值仍然必须大于0.50。从表6-21可以看出，这个因子在3个变量上都有非常高的负荷值，远远超过0.50。

表6-21　　成分矩阵[a]9

	成分
	1
*CW*1	.859
*CW*2	.793
*CW*3	.846

提取方法：主成分分析法。

a. 已提取了1个成分。

10. 市场绩效变量效度检验

根据理论分析，市场绩效包含3个变量：*SC*1、*SC*2、*SC*3。经过前面的信度检验，没有题项被剔除，全部题项都得以保留。使用主成分法和方差最大正交旋转法，经过KMO以及Bartlett检验，Bartlett球体检验近似卡方统计量为345.420，相应的概率sig为0.000，因此，可以认为相关系数矩阵与单位阵有显著差异，同时，KMO值为0.841，大于0.70，根据Kaiser给出的KMO度量标准可知变量适合做因子分析。

从表 6－22 可见，在取特征值大于 1 的主成分作为因子后，根据 Kaiser 准则进行分析，3 个题项被提取了 1 个因子，该因子的特征值为 4.210，解释变量总方差的 78.968%，符合因子数量确定是根据特征值大于 1 或主成分累计贡献率超过 80% 来确定的准则。

表 6－22　　解释的总方差 10

成分	初始特征值			提取平方和载入		
	合计	方差的 %	累积 %	合计	方差的 %	累积 %
1	4.210	78.968	78.968	4.210	78.968	78.968
2	.886	11.013	89.981			
3	.301	10.019	100.000			

提取方法：主成分分析。

由于只有一个因子，因此也无法产生旋转成分矩阵，只有未旋转的成分矩阵。本书用成分矩阵进行分析，因子负荷值仍然必须大于 0.50。从表 6－23 可以看出，这个因子在 3 个变量上都有非常高的负荷值，远远超过 0.50。

表 6－23　　成分矩阵[a]10

	成分
	1
*SC*1	.801

续表

	成分
	1
*SC*2	.795
*SC*3	.708

提取方法：主成分分析法。

a. 已提取了 1 个成分。

三、验证性因子分析

CFA 属于 SEM 的一种次模型，为 SEM 分析的一种特殊应用。SEM 中对于潜变量的估计程序，即是检验研究者先前提出的因子结构的适配性，一旦测量的基础确立了，潜变量的因果关系局可以进一步探讨，因此，一般而言，CFA 是进行整合性 SEM 分析的一个前置步骤或基础架构。

（一）检验标准

1. T 检验

本书采用 AMOS 极大似然法（maxinum likelihood estimates）对因子负荷和 T 检验分析。在 AMOS 中的临界比（critical ratio，C. R.）相当于 T 检验值，如果该值绝对值大于 1.96，则标准化系数达到 0.05 的显著水平；如果大于 2.58，则达到 0.001 水平。如果显著性的概率值小于 0.001，则 p 值栏会以“ *** ”表示；如果显著性的概率值大于 0.001，则 p 值栏会直接呈现数值大小。

标准化系数也称为因子负荷值，从因子负荷值的大小可以了解测量变量在各潜在因子的相对重要性。因子负荷值的数值一般介于 0.50 至 0.95 之间，表示模型的基本适配度良好，因子负荷值越大，表示指标变量能被构念解释的程度越大，指标变量越能反映其要测得的构念特质（吴明隆，2010）。

2. 组合信度（compsite reliability）

组合信度可作为检验潜在变量的信度指标，该信度指标检验值也称为建构信度（construct reliability），计算组合信度要利用标准化估计值报表中的指标因子负荷值和误差变异值来计算。组合信度计算公式为：

$$\rho_c = \frac{(\sum \lambda)^2}{[(\sum \lambda)^2 + \sum \theta]}$$

$$= \frac{(\sum \text{标准化因子负荷值})^2}{[(\sum \text{标准化因子负荷值})^2 + \sum \theta]}$$

其中 ρ_c 为组合信度，λ 为指标变量在潜变量上的标准化参数估计值，θ 为观察变量的误差变异值。潜在变量的组合信度为模型内在质量的判别准则之一，若是潜变量的组合信度值在0.6以上，则表示模型的内在质量较理想（吴明隆，2010）。

3. 收敛效度

收敛效度是指测量同一概念的不同题项之间的相关度。收敛效度可通过考察单一观察题项在其相应概念上的标准化负荷系数以及平均方差（average variance extracted，简称AVE值）两方面来评价。平均方差抽取值是潜变量可以解释其指标变量变异值的比值，是一种收敛效度的指标，其数值越大，表示测量指标越能有效反映其共同因子的潜在特征。AVE一般要求在0.50以上。标准化负荷系数最好能大于0.70，但对于新开发的量表来说，大于0.50或0.60也是可以接受的（Chin，1988）。

平均方差抽取值AVE的计算公式为：

$$\rho_v = \frac{(\sum \lambda)^2}{[\sum \lambda^2 + \sum \theta]}$$

$$= \frac{(\sum \text{标准化因子负荷值})^2}{[\sum \text{标准化因子负荷值}^2 + \sum \theta]}$$

其中ρ_v为平均方差抽取值，λ为指标变量在潜变量上的标准化参数估计值，θ为测量误差。

4. 因子分析模型拟合

因子分析模型的整体适配度的检验，可以参照结构方程模型一般的检验指标与要求。如果因子分析模型与实际观察数据的适配情形良好，即模型的外在质量佳，测量模型的收敛效度佳。

（二）具体检验

1. T检验

从表6-24可以看出，除了固定参数外，p值全部以“***”显示，说明在0.001水平上显著。所有的标准化系数都在0.50至0.95之间，表示模型的基本适配度良好。

表6-24　　标准化因子负荷与T检验

显变量<——潜变量	非标准化估计参数	S.E.	C.R.	显著性概率p	标准化估计参数
*KZ*4<——控制型治理	1.138	.124	9.147	***	.780
*KZ*3<——控制型治理	.928	.131	7.096	***	.570
*KZ*5<——控制型治理	1.000				.775
*KZ*2<——控制型治理	.750	.131	5.705	***	.557
*TB*1<——突变性创新	1.000				.818

续表

显变量 <—— 潜变量	非标准化估计参数	S. E.	C. R.	显著性概率 p	标准化估计参数
*TB*2 <——突变性创新	1.093	.083	13.134	***	.807
*TB*3 <——突变性创新	1.139	.088	12.910	***	.797
*TB*4 <——突变性创新	1.134	.086	13.206	***	.810
*TB*5 <——突变性创新	1.003	.082	12.220	***	.767
*JJ*1 <——渐进性创新	1.000				.765
*JJ*2 <——渐进性创新	1.021	.085	12.010	***	.844
*JJ*3 <——渐进性创新	1.009	.091	11.145	***	.789
*ZZ*1 <——自主创新	1.000				.803
*ZZ*2 <——自主创新	.676	.090	7.544	***	.543
*ZZ*3 <——自主创新	.971	.084	11.546	***	.776
*HZ*1 <——合作创新	1.000				.835
*HZ*2 <——合作创新	.951	.083	11.484	***	.798
*HZ*3 <——合作创新	.631	.092	6.863	***	.507
*HZ*4 <——合作创新	.677	.095	5.007	***	.579
*CP*1 <——产品创新	1.000				.902
*CP*2 <——产品创新	.887	.062	14.372	***	.816
*CP*3 <——产品创新	.898	.060	15.060	***	.840
*GY*1 <——工艺创新	1.000				.741
*GY*2 <——工艺创新	1.120	.101	11.043	***	.801

续表

显变量 <——潜变量	非标准化估计参数	S. E.	C. R.	显著性概率 p	标准化估计参数
*GY*3 <——工艺创新	1.160	.103	11.235	***	.814
*GY*4 <——工艺创新	1.204	.104	11.562	***	.836
*GY*5 <——工艺创新	1.056	.114	9.287	***	.681
*XZ*7 <——协作型治理	1.000				.748
*XZ*6 <——协作型治理	1.041	.102	10.239	***	.743
*XZ*5 <——协作型治理	1.053	.097	10.828	***	.782
*XZ*4 <——协作型治理	1.067	.100	10.633	***	.769
*XZ*3 <——协作型治理	.849	.104	8.177	***	.603
*XZ*2 <——协作型治理	.939	.097	9.655	***	.704
*XZ*1 <——协作型治理	1.169	.103	11.327	***	.815
*CW*1 <——财务绩效	1.000				.897
*CW*2 <——财务绩效	1.060	0.075	11.024	***	.814
*CW*3 <——财务绩效	1.113	0.096	11.875	***	.854
*SC*1 <——市场绩效	1.000				.718
*SC*2 <——市场绩效	1.138	0.151	9.695	***	.816
*SC*3 <——市场绩效	1.243	0.183	9.893	***	.889

2. 组合信度和收敛效度

由于 AMOS17.0 软件没有提供组合信度和

AVE 的计算值，本书使用了吴明隆在《结构方程模型——AMOS 的操作与应用》一书附带光盘中提供的一个应用程序，对组合信度和 AVE 进行了计算，具体结果见表 6－25。从表 6－25 中可以看出，所有潜变量的组合信度均大于 0.60，表明模型的内在质量理想。平均抽取方差值 AVE 均在 0.50 以上，表示模型的变量具有良好的收敛效度。

表 6－25　　组合信度和 AVE

显变量 <——潜变量	标准化估计参数	组合信度	AVE
*KZ*4 <——控制型治理	.780	0.8144	0.5267
*KZ*3 <——控制型治理	.570		
*KZ*5 <——控制型治理	.775		
*KZ*2 <——控制型治理	.557		
*TB*1 <——突变性创新	.818	0.8987	0.6397
*TB*2 <——突变性创新	.807		
*TB*3 <——突变性创新	.797		
*TB*4 <——突变性创新	.810		
*TB*5 <——突变性创新	.767		
*JJ*1 <——渐进性创新	.765	0.8419	0.64
*JJ*2 <——渐进性创新	.844		
*JJ*3 <——渐进性创新	.789		

续表

显变量 <——潜变量	标准化估计参数	组合信度	AVE
*ZZ*1 <——自主创新	.803	0.7554	0.514
*ZZ*2 <——自主创新	.543		
*ZZ*3 <——自主创新	.776		
*HZ*1 <——合作创新	.835	0.765	0.5307
*HZ*2 <——合作创新	.798		
*HZ*3 <——合作创新	.507		
*HZ*4 <——合作创新	.579		
*CP*1 <——产品创新	.902	0.889	0.7278
*CP*2 <——产品创新	.816		
*CP*3 <——产品创新	.840		
*GY*1 <——工艺创新	.741	0.8834	0.6038
*GY*2 <——工艺创新	.801		
*GY*3 <——工艺创新	.814		
*GY*4 <——工艺创新	.836		
*GY*5 <——工艺创新	.681		
*XZ*7 <——协作型治理	.748	0.8941	0.5485
*XZ*6 <——协作型治理	.743		
*XZ*5 <——协作型治理	.782		
*XZ*4 <——协作型治理	.769		
*XZ*3 <——协作型治理	.603		

续表

显变量 <——潜变量	标准化估计参数	组合信度	AVE
*XZ*2 <——协作型治理	.704	0.8941	0.5485
*XZ*1 <——协作型治理	.815		
*CW*1 <——财务绩效	.897	0.8628	0.5167
*CW*2 <——财务绩效	.814		
*CW*3 <——财务绩效	.854		
*SC*1 <——市场绩效	.718	0.7615	0.5816
*SC*2 <——市场绩效	.816		
*SC*3 <——市场绩效	.889		

3. 因子分析模型拟合

因子分析模型的整体适配度方面，卡方值为1396.894，自由度为695，卡方自由度比值为2.01，显著性概率p为0.601 >0.5，$RMR = 0.045 < 0.05$，$RMSEA = 0.047 < 0.05$，$GFI = 0.942 > 0.9$，$AGFI = 0.968 > 0.9$，$NFI = 0.902 > 0.9$，$CFI = 0.925 > 0.9$，$TLI = 0.932 > 0.9$，$IFI = 0.946 > 0.9$。所有适配度指标均达模型可接受的标准。整体而言，本书的量表一阶验证性因子分析模型与实际观察数据的适配情况良好，即模型的外在质量佳，测量模型的收敛效度佳。

第三节 模型模拟和假设检验

为进一步检验理论框架所提出的各潜变量之间的关系，本节采用结构方程模型的分析方法，通过 AMOS17.0 软件对数据进行分析，进行理论模型与假设的检验，具体步骤包括结构方程模型的建立，模型的评价和模型的结果分析。

一、结构方程模型的构建

在第四章的研究假设基础上，本研究设定了针对 AMOS 软件的结构方程模型。模型中共有 10 个潜变量和 40 个显变量，其中，控制型治理和协作型治理潜变量在模型中是外生变量（exogenous variables），自主创新、合作创新、产品创新、工艺创新、突变性创新、渐进性创新、财务绩效和市场绩效等 8 个潜变量是内生变量（endogenous variables）。外生变量在模型中不受其他变量的影响，无“前因”，作为其他变量的“因”而存在，其值由外部输入模型，相当于自变量的概念。内生变量受模型中其他变量的影响，其值视其他变量而定，相当于因变量的概念。图 6－1 为模型的概念图。

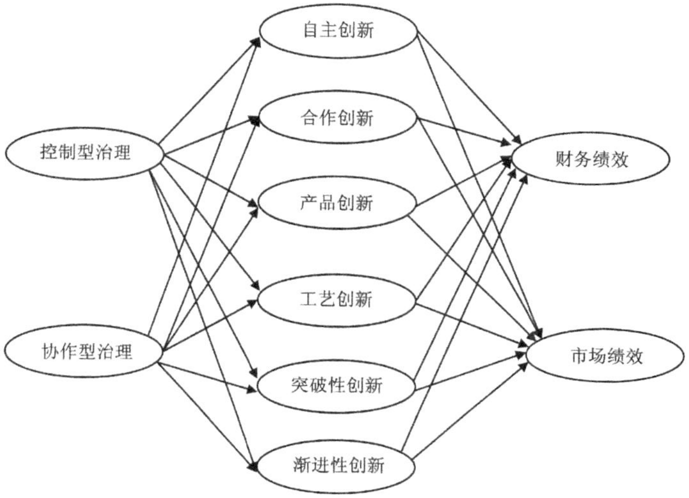

图 6－1　结构方程模型概念图

除了潜变量和显变量外，模型中还存在着 $e1 \sim e40$ 共 40 个显变量的误差变量（residual variance）和 $z1$ 到 $z10$ 共 10 个潜变量的误差变量，它们的路径系数默认值为 1，误差变量的作用是为了保证模型的验证过程能够成立，因为从问卷得出的指标值难免会存在一定的误差，要使得指标值完全地匹配于模型几乎是不可能的，为了使路径能够验证，概念模型得到证明，必须引入误差变量。

初始模型假定所有误差变量之间相互独

立，没有相关性。但通过观察修正指标值，发现“合作创新”变量的 $e17$（显变量 $HZ3$ 的误差项）和 $e18$（显变量 $HZ4$ 的误差项）、“合作创新”变量的 $e17$ 和“工艺创新”变量的 $e23$（显变量 $GY2$ 的误差项）、“产品创新”变量的 $e20$（显变量 $CP2$ 的误差项）和“工艺创新”变量的 $e24$（显变量 $GY3$ 的误差项）、“控制型治理”变量的 $e27$（显变量 $KZ2$ 的误差项）和 $e28$（显变量 $KZ3$ 的误差项）、$e27$ 和 $e29$（显变量 $KZ4$ 的误差项）、$e28$ 和 $e30$（显变量 $KZ5$ 的误差项）、$e29$ 和 $e30$ 之间设定为共变关系，即设定有相关，则可以减少卡方值。“合作创新”变量和“工艺创新”变量，以及“产品创新”变量和“工艺创新”变量的某些题项具有相关性和共变关系，这在理论上是合理的：合作创新和工艺创新是创新活动的不同属性，有的创新活动可能既属于合作创新，也属于工艺创新；产品创新和工艺创新之间具有相关，可能是由于两者具有互动效应产生，两者之间可以相互促进，也可以相互替代。“合作创新”变量以及“控制型治理”变量内部的不同题项之间具有相关性，这是非常合理的。

通过将上述这些题项之间逐次设为共变关系，使得模型拟合度检验指标趋于好转，从而说明这些模型修正是合理的。由于完整的结构方程模型图涉及的潜变量、显变量和误差项等较多，图形很复杂，在文中不再呈现。但对于重要的路径系数在下文将做详细分析。

二、结构方程模型的评价

结构方程模型的拟合效果评估标准很多，较完整的评估一般需要包括三方面的评估内容：基本适配标准、模型整体适配情况、模型内在结构适配情况。基本适配标准是用来检测模型的系列误差、辨认问题或输入有误等，这可从指标的测量误差不能有负值和标准化估计参数适中（一般要在0.5~0.95之间）且达到显著性水平两方面来衡量。从表6-26可以看出，本书各个潜在变量的标准化估计参数均达显著性水平，且均超过0.5，而且测量误差亦没有出现负值，表明模型满足基本拟合标准。

表6-26　SEM中测量模型的参数估计

显变量 <—— 潜变量	标准化估计参数	测量误差	C. R.	显著性概率 p
*KZ*4 <——控制型治理	.780	.732	9.147	***
*KZ*3 <——控制型治理	.570	.917	7.096	***
*KZ*5 <——控制型治理	.775	.555		

续表

显变量 <——潜变量	标准化估计参数	测量误差	C. R.	显著性概率 p
*KZ*2 <——控制型治理	.557	.925	5.705	***
*TB*1 <——突变性创新	.818	.292		
*TB*2 <——突变性创新	.807	.367	13.134	***
*TB*3 <——突变性创新	.797	.421	12.910	***
*TB*4 <——突变性创新	.810	.391	13.206	***
*TB*5 <——突变性创新	.767	.400	12.220	***
*JJ*1 <——渐进性创新	.765	.051		
*JJ*2 <——渐进性创新	.844	.036	12.010	***
*JJ*3 <——渐进性创新	.789	.046	11.145	***
*ZZ*1 <——自主创新	.803	.055		
*ZZ*2 <——自主创新	.543	.086	7.544	***
*ZZ*3 <——自主创新	.776	.061	11.546	***
*HZ*1 <——合作创新	.835	.057		
*HZ*2 <——合作创新	.798	.095	11.484	***
*HZ*3 <——合作创新	.507	.110	6.863	***
*HZ*4 <——合作创新	.579	.051	5.007	***
*CP*1 <——产品创新	.902	.178		
*CP*2 <——产品创新	.816	.375	14.372	***
*CP*3 <——产品创新	.840	.347	15.060	***

续表

显变量 <——潜变量	标准化估计参数	测量误差	C. R.	显著性概率 p
*GY*1 <——工艺创新	.741	.372		
*GY*2 <——工艺创新	.801	.314	11.043	***
*GY*3 <——工艺创新	.814	.310	11.235	***
*GY*4 <——工艺创新	.836	.267	11.562	***
*GY*5 <——工艺创新	.681	.573	9.287	***
*XZ*7 <——协作型治理	.748	.318		
*XZ*6 <——协作型治理	.743	.332	10.239	***
*XZ*5 <——协作型治理	.782	.268	10.828	***
*XZ*4 <——协作型治理	.769	.325	10.633	***
*XZ*3 <——协作型治理	.603	.519	8.177	***
*XZ*2 <——协作型治理	.704	.439	9.655	***
*XZ*1 <——协作型治理	.815	.336	11.327	***
*CW*1 <——财务绩效	.897	.346		
*CW*2 <——财务绩效	.814	.379	11.024	***
*CW*3 <——财务绩效	.854	.301	11.875	***
*SC*1 <——市场绩效	.718	.352		
*SC*2 <——市场绩效	.816	.327	9.695	***
*SC*3 <——市场绩效	.889	.316	9.893	***

模型整体适配度是用来评价整个模型与观察数据的适配程度，此方面的适合度衡量有很多标准（吴明隆，2010），Hair，Anderson，Tatham and Black（1998）将其分为三种类型，即绝对适配度衡量（absolute fit measures）、增量适配度衡量（incremental fit measures）和简约适配度衡量（parsimonious fit measures）。其中绝对适配度衡量用来确定整体模式可以预测共变量或相关矩阵的程度，衡量指标包括卡方统计值（χ^2）、卡方自由度比（χ^2/df）、适配优度指数（*GFI*）、平均近似值误差平方根等（*RMSEA*）。增量适配度指标包括调整适配优度指标（*AGFI*）、基准适配优度指标（*NFI*）和比较适合指标（*CFI*）。简约适配度用来惩罚参数多的模型，模型参数越多，简约适合度指标与理想值相差越大，其测量的指标包括基准适合指标（*PNFI*）和简要适合度指标（*PGFI*）。由于在选用简约适配统计量需要样本的大小至少要在 200 个以上，由于本书的样本数为 191 个，因此该统计量不适合本书。表 6 - 27 给出了本研究中模型整体适配度的各指标。

表 6－27　　整体模型的适配度指标

模型整体适配度指标	参考标准	测量结果
df	>0	793
p	<0.1	0.00
χ^2	>0	1524.325
χ^2/df	≥1，≤3	1.922
GFI	≥0.9	0.938
RMSEA	≤0.05	0.040
AGFI	≥0.9	0.902
NFI	≥0.9	0.936
CFI	≥0.9	0.851

从表 6－27 可以看出，在绝对适配度的衡量上，本研究整体模型的 χ^2 值为 1524.3，自由度为 793，p 值为 0.00，χ^2/df 值为 1.922，小于 3，大于 1；*GFI* 为 0.938 大于推荐标准值 0.90；*RMSEA* 为 0.04，小于推荐值 0.05。这表明模型的绝对适配效果良好；在增量适配度的衡量上，本研究整体模型的 *AGFI* 为 0.902，*NFI* 为 0.936，*CFI* 为 0.851，其中 *NFI*、*AGFI* 的参数值均符合推荐的标准值的要求，而 *CFI* 参数值略低于推荐标准值 0.9，但仍处在可接受范围内，因此模型的增量适配效果满足要求。

模型内在结构拟合检验主要考察模型中显变量是否能合适地反映对应的潜变量以及理论模型的因果关系是否成立。通过前面的信度和效度检验，已证明模型的内在结构拟合优度良好。因此，本书的结构方程模型整体适配度良好。

三、结构方程模型与假设检验

表 6－28 给出了整体模型中因果关系的路径系数的标准化估计值和 p 值，根据它们可以对研究的假设进行判定。

表 6－28　　结构方程模型的实证结果

路　　径	路径系数的标准化估计值	p	显著性检验结果
协作型治理→自主创新	.228	.006**	通过
协作型治理→合作创新	.201	.000***	通过
协作型治理→产品创新	.225	.088*	通过
协作型治理→工艺创新	.297	.089*	通过
协作型治理→突变性创新	.337	.011**	通过
协作型治理→渐进性创新	.371	.022**	通过
控制型治理→自主创新	-.899	.090*	通过
控制型治理→合作创新	.784	.089*	通过

续表

路　　径	路径系数的标准化估计值	p	显著性检验结果
控制型治理→产品创新	-.679	.000***	通过
控制型治理→工艺创新	.760	.000***	通过
控制型治理→突变性创新	-.909	.089*	通过
控制型治理→渐进性创新	.800	.088*	通过
自主创新→财务绩效	-.225	.075*	通过
自主创新→市场绩效	-.164	.068*	通过
合作创新→财务绩效	.347	.095*	通过
合作创新→市场绩效	.286	.087*	通过
产品创新→财务绩效	.305	.000***	通过
产品创新→市场绩效	.482	.000***	通过
工艺创新→财务绩效	.417	.004**	通过
工艺创新→市场绩效	.289	.000***	通过
渐进性创新→财务绩效	.143	.272	未通过
渐进性创新→市场绩效	.093	.163	未通过
突变性创新→财务绩效	.540	.062*	通过
突变性创新→市场绩效	.425	.087*	通过

注：* 表示 $p<0.1$，** 表示 $p<0.05$，*** 表示 $p<0.001$。

假设1：从表6－28可以看出，从协作型治理到自主创新的路径系数标准化估计值为

0.228，即协作型治理与自主创新活动之间呈现正相关性，这与假设1是吻合的，同时该检验通过了显著性检验。假设1获得了支持。

假设2：从表6－28可以看出，从控制型治理到自主创新的路径系数标准化估计值为－0.899，即控制型治理与自主创新活动之间呈现负相关性，这与假设2是吻合的，同时该检验通过了显著性检验。假设2获得了支持。

假设3：从表6－28可以看出，从协作型治理到合作创新的路径系数标准化估计值为0.201，即协作型治理与合作创新活动之间呈现正相关性，这与假设3是吻合的，同时该检验通过了显著性检验。假设3获得了支持。

假设4：从表6－28可以看出，从控制型治理到合作创新的路径系数标准化估计值为0.784，即控制型治理与自主创新活动之间呈现正相关性，这与假设4是吻合的，同时该检验通过了显著性检验。假设4获得了支持。

假设5：从表6－28可以看出，从协作型治理到产品创新的路径系数标准化估计值为0.225，即协作型治理与产品创新活动之间呈现正相关性，这与假设5是吻合的，同时该检验通过了显著性检验。假设5获得了支持。

假设6：从表6－28可以看出，从控制型治理到产品创新的路径系数标准化估计值为

-0.679，即控制型治理与产品创新活动之间呈现负相关性，这与假设6是吻合的，同时该检验通过了显著性检验。假设6获得了支持。

假设7：从表6-28可以看出，从协作型治理到工艺创新的路径系数标准化估计值为0.297，即协作型治理与工艺创新活动之间呈现正相关性，这与假设7是吻合的，同时该检验通过了显著性检验。假设7获得了支持。

假设8：从表6-28可以看出，从控制型治理到工艺创新的路径系数标准化估计值为0.760，即控制型治理与工艺创新活动之间呈现正相关性，这与假设8是吻合的，同时该检验通过了显著性检验。假设8获得了支持。

假设9：从表6-28可以看出，从协作型治理到突破性创新的路径系数标准化估计值为0.337，即协作型治理与突破性创新活动之间呈现正相关性，这与假设9是吻合的，同时该检验通过了显著性检验。假设9获得了支持。

假设10：从表6-28可以看出，从控制型治理到突破性创新的路径系数标准化估计值为-0.909，即控制型治理与突破性创新活动之间呈现负相关性，这与假设10是吻合的，同时该检验通过了显著性检验。假设10获得了支持。

假设11：从表6-28可以看出，从协作型治理到渐进性创新的路径系数标准化估计值为0.371，即协作型治理与渐进性创新活动之间呈现正相关性，这与假设11是吻合的，同时该检验通过了显著性检验。假设11获得了支持。

假设12：从表6-28可以看出，从控制型治理到渐进性创新的路径系数标准化估计值为0.800，即控制型治理与渐进性创新活动之间呈现正相关性，这与假设12是吻合的，同时该检验通过了显著性检验。假设12获得了支持。

假设13：从表6-28可以看出，从自主创新到财务绩效的路径系数标准化估计值为-0.225，即自主创新与财务绩效之间呈现负相关性，这与假设13是吻合的，同时该检验通过了显著性检验。假设13获得了支持。

假设14：从表6-28可以看出，从自主创新到市场绩效的路径系数标准化估计值为-0.164，即自主创新与市场绩效之间呈现负相关性，这与假设14是吻合的，同时该检验通过了显著性检验。假设14获得了支持。

假设15：从表6-28可以看出，从合作创新到财务绩效的路径系数标准化估计值为0.347，即合作创新与财务绩效之间呈现正相关性，这与假设15是吻合的，同时该检验通过了显著性检验。假设15获得了支持。

假设16：从表6-28可以看出，从合作创新到市场绩效的路径系数标准化估计值为0.286，即自主创新与市场绩效之间呈现正相关性，这与假设16是吻合的，同时该检验通过了显著性检验。假设16获得了支持。

假设17：从表6-28可以看出，从产品创新到财务绩效的路径系数标准化估计值为0.305，即产品创新与财务绩效之间呈现正相关性，这与假设17是吻合的，同时该检验通过了显著性检验。假设17获得了支持。

假设18：从表6-28可以看出，从产品创新到市场绩效的路径系数标准化估计值为0.482，即产品创新与市场绩效之间呈现正相关性，这与假设18是吻合的，同时该检验通过了显著性检验。假设18获得了支持。

假设19：从表6-28可以看出，从工艺创新到财务绩效的路径系数标准化估计值为0.417，即工艺创新与财务绩效之间呈现正相关性，这与假设19是吻合的，同时该检验通过了显著性检验。假设19获得了支持。

假设20：从表6-28可以看出，从工艺创新到市场绩效的路径系数标准化估计值为0.289，即工艺创新与市场绩效之间呈现正相关性，这与假设20是吻合的，同时该检验通过了显著性检验。假设 20 获得了支持。

假设 21：从表 6－28 可以看出，从渐进性创新到财务绩效的路径系数标准化估计值为 0.143，该检验未通过显著性检验。假设 21 获得了支持。

假设 22：从表 6－28 可以看出，从渐进性创新到市场绩效的路径系数标准化估计值为 0.093，该检验未通过显著性检验。假设 22 获得了支持。

假设 23：从表 6－28 可以看出，从突破性创新到财务绩效的路径系数标准化估计值为 0.540，即突破性创新与财务绩效之间呈现正相关性，这与假设 23 是吻合的，同时该检验通过了显著性检验。假设 23 获得了支持。

假设 24：从表 6－28 可以看出，从突破性创新到市场绩效的路径系数标准化估计值为 0.425，即突破性创新与市场绩效之间呈现正相关性，这与假设 24 是吻合的，同时该检验通过了显著性检验。假设 24 获得了支持。

第七章

结论与展望

通过前面的分析，本书从董事会治理的角度研究了公司治理结构对企业创新战略选择的影响，并研究了各种类型创新形式对企业绩效的影响效应。现有文献主要是基于“结构—创新”分析框架，难以得出公司治理结构对创新战略选择的一致性意见，分歧非常大，同时创新形式对企业绩效的影响研究还不系统。本书运用“行为—创新—绩效”分析框架进行了研究。本章首先对本书的实证结果进行讨论，接着对本书研究的不足进行分析，并对未来的研究方向进行展望。

第一节 假设检验结果汇总

本书的研究假设分为两部分：董事会治理对公司创新战略选择的影响、创新战略选择对企业绩效的影响。从表7-1可以看出：（1）董事会治理对公司创新战略选择的影响检验共分为12个假设（假设1至假设12），假设全部通过了检验。（2）创新战略选择对企业绩效的影响检验共分为12个（假设13至假设24），假设全部通过了检验。

表7-1 假设检验结果汇总一览表

分组	假设编号	假设内容	结果
董事会治理对创新战略的影响	假设1	协作型治理有助于企业开展自主创新活动。	通过
	假设2	控制型治理不利于企业开展自主创新活动。	通过
	假设3	协作型治理有助于企业开展合作创新活动。	通过
	假设4	控制型治理有助于企业开展合作创新活动。	通过
	假设5	协作型治理有助于企业开展产品创新活动。	通过
	假设6	控制型治理不利于企业开展产品创新活动。	通过
	假设7	协作型治理有助于企业开展工艺创新活动。	通过
	假设8	控制型治理有助于企业开展工艺创新活动。	通过

续表

分组	假设编号	假设内容	结果
董事会治理对创新战略的影响	假设 9	协作型治理有助于企业开展突破性创新活动。	通过
	假设 10	控制型治理不利于企业开展突破性创新活动。	通过
	假设 11	协作型治理有助于企业开展渐进性创新活动。	通过
	假设 12	控制型治理有助于企业开展渐进性创新活动。	通过
创新战略选择对企业绩效的影响	假设 13	自主创新对企业财务绩效有负向的影响。	通过
	假设 14	自主创新对企业市场绩效有负向的影响。	通过
	假设 15	合作创新对企业财务绩效有正向的影响。	通过
	假设 16	合作创新对企业市场绩效有正向的影响。	通过
	假设 17	产品创新对企业财务绩效有正向的影响。	通过
	假设 18	产品创新对企业市场绩效有正向的影响。	通过
	假设 19	工艺创新对企业财务绩效有正向的影响。	通过
	假设 20	工艺创新对企业市场绩效有正向的影响。	通过
	假设 21	渐进性创新对企业财务绩效的影响不显著。	通过
	假设 22	渐进性创新对企业市场绩效的影响不显著。	通过
	假设 23	突破性创新对企业财务绩效有正向的影响。	通过
	假设 24	突破性创新对企业市场绩效有正向的影响。	通过

第二节 本书的研究结论

本节根据前面的理论分析和实证结果，对本书得出的一些主要结论进行讨论和说明。

一、董事会治理和创新战略选择

（一）董事会治理与自主创新和合作创新

本书实证发现，协作型治理有助于自主创新和合作创新（假设 1 和假设 3 获得了支持），控制型治理不利于自主创新（假设 2 获得了支持），但有助于合作创新（假设 4 获得了支持）。自主创新主要依靠企业开展创新活动，或者在创新的关键领域，企业要发挥主导作用，因此自主创新需要的投入大，同时风险也很大；而合作创新则相反，企业投入的资源少，风险可以和合作伙伴共担，因而风险较小。在协作型治理模式下，由于董事会和管理层能够信息共享、充分信任，董事会能够给予各种建议和资源支持，因而有助于管理层开展创新活动，既可以是自主创新，也可以是合作创新。在控制型治理模式下，董事会强调对管理层的财务指标考核，同时给予的支持很少，因此管理层会选择投入小、风险小的项目进行创新，此时合作创新比自主创新会更受到青睐。

（二）董事会治理与产品创新和工艺创新

本书实证发现，协作型治理有助于产品创新和工艺创新（假设5和假设7获得了支持），控制型治理不利于产品创新（假设6获得了支持），但有助于工艺创新（假设8获得了支持）。相比工艺创新，产品创新需要的投入更大，风险也更大。成功的产品创新需要大量新的知识，成功的风险较大，而工艺创新则相反，需要的新知识不多，成功概率较大。在协作型治理模式下，董事会与管理层相互协作，信息共享，寻找各种创新的机会和可能性，正确认知风险，从而有助于产品创新和工艺创新；在控制型治理模式下，董事会强调财务结果，因此相对风险较大的产品创新，管理层会选择风险较小的工艺创新。

（三）董事会治理与突变性创新和渐进性创新

本书实证发现，协作型治理有助于突变

性创新和渐进性创新（假设 9 和假设 11 获得了支持），控制型治理不利于突破性创新（假设 10 获得了支持），但有助于渐进性创新（假设 12 获得了支持）。突变性创新是指在技术和市场等方面有着重大进展的创新，因而风险非常大，成功概率较小，但一旦成功，所能获得的收益则会非常大，甚至会改变产业格局，而渐进性创新则相反，风险较小。在协作型治理模式下，董事会利用自身的经验、技能、资源等帮助管理层，提供各种建议，同时董事会也会非常了解创新活动，对其中的风险和收益等有清楚的认识，因此会支持管理层开展突破性创新和渐进性创新。而在控制型治理模式下，由于突破性创新的风险太大，资源投入太大，创新的周期也会非常长，因此管理层会不愿意开展突破性创新，更愿意开展渐进性创新。

总体而言，关于董事会治理与企业创新战略选择关系的假设都得到了支持，说明了从董事会治理角度来研究企业创新活动是非常有效的，董事会治理对企业创新活动有着重要作用。同时，“行为—创新”分析框架是可行的，能够加深对企业创新战略选择的影响因素的认识。

二、创新战略选择与企业绩效

（一）自主创新和合作创新与企业绩效

本书实证发现，自主创新对企业财务绩效和市场绩效都有负向的影响（假设 13 和假设 14 获得了支持），该结论与彭灿和杨玲（2009）、Goedhuysa and Veugelersb（2011）的结论是一致的。由于我国企业的技术发展水平比较低，技术积累薄弱，高质量人才的匮乏使得企业开展自主创新的难度很大，同时我国知识产权保护工作还比较落后，企业自主创新的成果难以获得充分的保护，致使企业在自主创新过程中往往付出很大的成本，但获得收益却比较小，因而对财务绩效和市场绩效产生负面的影响。为了促进企业开展自主创新，政府一方面可以加大知识产权保护的立法执法力度，另一方面也可以对企业提供各种补贴和税收优惠等激励。

合作创新对企业财务绩效和市场绩效都有正向的影响（假设 15 和假设 16 获得了支持）。当今科学技术发展异常迅猛，学科交叉融合加快，技术更新和成果转化的周期日益缩短[①]，企业需要与其他企业、科研机构等进行合作，加强优势互补，提高创新效率，满足快速变化的需求。我国政府对合作创新一直给予了大力支持，从 1992 年起，国家经贸委、国家教委和中国科学院就开始实施“产学研联合开发工程”，探索“产学研”合作模式和机制，促进学校和企业的合作。政府实施的“火炬计划”、“863 计划”、“工程研究中心建设”也对大学、研究所与企业的合作进行了重要的探索。合作创新正成为我国企业开展创新活动的主要形式。

（二）产品创新和工艺创新与企业绩效

本书实证发现，产品创新对企业财务绩效和市场绩效都有正向的影响（假设 17 和假设 18 获得了支持），工艺创新对企业财务绩效和市场绩效都有正向的影响（假设 19 和假设 20 获得了支持）。该结论与大多数关于产品创新和工艺创新与企业绩效关系的研究结论是一致。产品创新实现了产品的差异化，

① 比如，电话走进 50% 的美国家庭用了长达 60 年的时间，而互联网进入 50% 的美国家庭只用了 5 年时间。生物技术、基因工程技术的突破，将新药研制到产业化应用的周期从 24 年缩短到 8 年。

增加产品的性能和种类，从而能够增加需求，提升企业的绩效。工艺创新能够优化生产工艺，提高生产率，提升产品质量，从而提升企业的绩效。

产品创新和工艺创新对企业绩效都有正向的影响，实际上，产品创新与工艺创新并非相互独立，而是存在着一定的关联性（Utterback，Abernathy，1975）。2007 年国家统计局对我国近 8 万家大中型企业的创新调查显示，2004～2006 年间，在开展创新活动的规模以上工业企业中，实现产品创新的企业占 81.4%，实现工艺创新的企业占 84.5%，同时实现产品创新和工艺创新的企业占 69%。调查发现，许多行业的产品创新是通过与工艺创新相配套实现的，如专用设备制造业同时实现产品创新和工艺创新的企业占本行业开展创新活动企业的比重为 83.2%，通用设备制造业为 75.2%（邓永旭，2008）。实际上，产品创新和工艺创新在一定程度上存在互补性。如果企业研发出新产品，就会对工艺提出新的要求，工艺流程必须与新产品的生产相配套、相匹配。可以看出，在实践中产品创新和工艺创新是密切关联的。

（三）渐进性创新和突破性创新与企业绩效

本书实证发现，渐进性创新对企业财务绩效和市场绩效的影响不显著（假设 21 和假设 22 获得了支持），突破性创新对企业财务绩效和市场绩效都有正向的影响（假设 23 和假设 24 获得了支持）。渐进性创新对企业绩效没有显著影响的结论，与刘石兰（2008）的研究结论不同，他认为渐进性创新对企业绩效有正向的影响。本书认为，渐进性创新主要是改进现有产品和服务的性能，提升客户的满意度，对于扩大市场份额有一定的促进作用。但随着我国经济生活水平提高和科技的迅速发展，许多产品都进入了买方市场阶段，产品的更新换代正在加速，依靠适应性创新很难获得市场的突破。如果一旦现有市场出现萎缩，那么企业将难以依靠渐进性创新进行生存①。因此，渐进性创新可能会对企业绩效有正向的影响，但也可能导致企业绩效的恶化，产生负向的影响，总体上来看

① 以数码相机为例。德国爱克发曾是世界上最早生产彩色胶卷的企业之一，占有世界彩色胶卷市场约 10% 的份额。随着数码相机生产制造技术的日趋成熟，数码相机已经开始抢占、蚕食传统相机的市场。昔日影像巨头在数码技术冲击下，胶卷销量严重下滑，不得不申请破产保护。

对企业绩效的影响难以确定的。本书关于突破性创新对企业绩效具有正向的影响，与刘石兰（2008）是一致的。突破性创新则通过挖掘消费者的潜在需求，生产出性能远远超过现有水平的产品，并引导消费者进行消费，形成新的市场格局，甚至产业格局。

下面通过对手机市场的案例进行分析来比较一下突破性创新和渐进性创新的影响。苹果公司的 iphone 产品是紧随黑莓之后，让手机行业从诺基亚主导的“功能手机”转向“智能手机”。根据市场研究机构 Asymco2010 年 11 月份发布的数据，iPhone 全球份额为 4%，利润份额却达 50%。而诺基亚的手机市场份额为 32%，为全球第一大手机生产商，但利润份额仅有 15%（见图 7－1），与苹果公司的利润份额相差很大。同时，2010 年第四季度诺基亚智能手机销售量的市场份额从 2007 年苹果开始出售 iPhone 那个时候的 50.8% 下降到了 30.8%。可以看出由于苹果公司进行了突破性创新，推出了 iphone 手机，满足了消费者的需求，全球许多地方出现了“一机难求”、彻夜排队买手机等情形，而诺基亚尽管是全球最大的手机生产商，但其在手机产品上主要进行的是渐进性创新，没有推出能够和 iphone 相竞争的产品，致使其市场份额和利润份额在不断下降。随着手机市场的发展，2015 年 iphone 占据了很大一部分市场份额，达到 17.2%，利润份额却高达 91%。因此，对于手机行业来说，渐进性创新虽然能够改善现有产品的设计、性能等，但如果不能跟上消费者的新需求，企业的财务绩效和市场绩效会日益恶化，甚至淘汰出局。

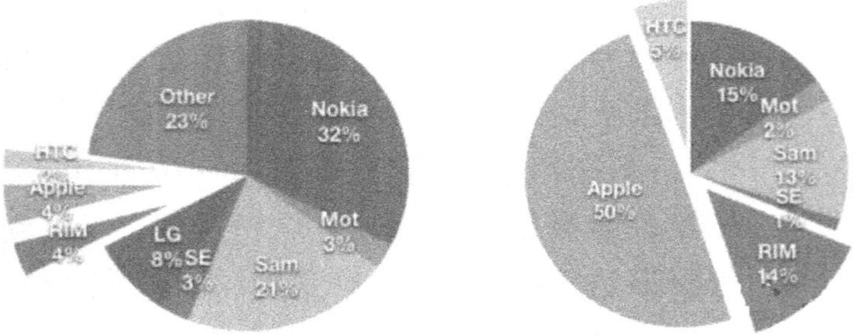

图 7-1 手机市场的市场份额和利润份额

资料来源：市场研究机构 Asymco。

第三节 研究的不足与展望

本书尽管在理论分析框架上做了一些创新，并且得到了实证分析的支持，但限于研究时间、研究能力和研究数据等方面的因素，还有一些地方存在不足，需要在以后的研究中加以完善，同时对于“行为—创新—绩效”分析框架还需要做进一步的研究。

一、研究的不足

（一）样本数量的限制

本书共采用了191个样本，尽管也符合了实证分析的要求，但由于SEM适用于大样本的分析，如果要追求稳定的SEM分析结果，样本数最好在200个以上（吴明隆，2010），因此在以后的分析中，还需要进一步扩大样本数量。

（二）样本质量的限制

在样本质量方面，由于本书涉及董事会治理行为，一般来说企业高级管理者会更了解这些情况。本次的调研对象是高层管理者和中层管理者，相对于高层管理者而言，中层管理者对这些方面的信息掌握的完整性、准确性等方面还有待提高，因此在以后研究中，应尽量对高级管理者进行调研，获取更精确的数据。

（三）研究变量的增加

由于本书主要关注董事会治理行为对企业

创新战略选择的影响，以及创新战略选择对企业绩效的影响，选择的影响变量主要集中董事会治理和具体创新类型方面的，没有考虑诸如企业规模、企业所在行业竞争程度等控制因素。在以后的研究中，可以适当增加这些维度的变量，从而使得解释力更强。

（四）研究变量的测量

由于本书分析变量主要采用的是潜变量，潜变量是由多个观察变量来测量的。尽管观察变量的选取结合了现场访谈以及现有的相关研究成果，但有的变量，如董事会治理变量的观察指标还需要进一步结合我国的实际情况进行优化。

二、未来研究的展望

（一）样本的选择可进一步细化

本书的样本对企业特点没有做限制，在以后的研究中可做更深的细化，如区分是否是高科技企业、区分不同的行业等。由于不同特征的企业、不同的行业具有不同创新特点，如高科技企业创新强度（innovation intensity）非常大，并且突破性创新较多，因此通过样本选择的进一步细化，可以加深我们对企业创新战略选择的认识。

（二）深化创新对企业绩效影响的分析

本书主要分析了各种类型创新对企业绩效的影响，没有将多种类型创新综合起来考虑，在以后的研究中可以加强这种分析。比如，在研究产品创新对企业绩效的影响时，可以分有工艺创新和没有工艺创新等情况，从而分析工艺创新在产品创新的绩效影响中的作用。

附录A

题项编号与题项具体内容的对应表

测量维度	题项编号	题项对应的具体内容
协作型治理	XZ1	董事会成员经常与管理层进行沟通
	XZ2	董事会经常给管理层提供决策建议
	XZ3	董事会信任管理层，关系融洽
	XZ4	管理层有事业心
	XZ5	董事会重视公司客户满意度、市场份额和竞争对手状况等
	XZ6	董事会重视公司质量管理
	XZ7	董事会重视企业核心竞争力
控制型治理	KZ1	一旦业绩不好，董事会将解聘 CEO 或总经理
	KZ2	管理层决策中对短期因素考虑很多
	KZ3	管理层的薪酬和企业财务效益紧密挂钩
	KZ4	董事会重视企业利润
	KZ5	董事会重视投资回报率

续表

测量维度	题项编号	题项对应的具体内容
控制型治理	KZ6	董事会关心结果，不关心过程
	KZ7	董事会很少对管理层决策提供支持和帮助
突变性创新	TB1	公司重视创造在性能上全新的产品进行销售
	TB2	公司在产品的研制上经常应用最新理念
	TB3	公司是本行业中开发和引入全新技术的企业
	TB4	公司是新工艺、技术的创造者
	TB5	企业的产品在研制中利用了新的工艺和技术
渐进性创新	JJ1	公司经常在式样、服务等方面进行创新
	JJ2	公司在现有技术基础上经常改进提高技术
	JJ3	公司经常进行现有工艺流程的改进和提高
自主创新	ZZ1	公司自己经常推出很多的新产品（服务）
	ZZ2	公司不和别人合作也可以创新
	ZZ3	公司自身的研发能力强
合作创新	HZ1	公司往往通过合作创新来从技术上战胜竞争对手
	HZ2	公司往往通过合作创新达到快速研制产品的目的
	HZ3	公司的创新活动通常风险很大

续表

测量维度	题项编号	题项对应的具体内容
合作创新	HZ4	公司的创新很难得到足够的内部资源投入
产品创新	CP1	近3年，贵公司全新的产品数量比同行业竞争者多
	CP2	近3年，贵公司改良性产品数量比同行业竞争者多
	CP3	近3年，贵公司产品的新颖性比同行业竞争者强
工艺创新	GY1	公司在现有技术上经常改进提高
	GY2	公司经常更新生产设备
	GY3	公司经常更新工艺流程
	GY4	公司经常引入新的管理控制系统
	GY5	公司经常精简机构、简化工作程序
财务绩效	CW1	创新对企业销售收入增长率有积极影响
	CW2	创新对企业利润增长率有积极影响
	CW3	创新对企业资产回报率有积极影响
市场绩效	SC1	创新有助于提升企业产品的性能优势
	SC2	创新有助于提升企业的市场份额
	SC3	创新有助于提升顾客满意度

附录B

关于董事会治理对创新战略选择影响的调查问卷

尊敬的先生/女士：您好！

感谢您支持我们的调查。本次调查的目的是探讨创新战略选择问题。调查以无记名方式进行。回答没有对错，只作为整体分析之用。请您按照自己的想法回答。您回答的真实性对于我们研究的准确性十分重要。

第一部分　董事会治理

该部分是关于贵公司董事会治理方式的描述，请根据实际情况做出选择。(1 表示完全不同意；2 表示不同意；3 表示无所谓；4 表示同意；5 表示完全同意)。

董事会成员经常与管理层进行沟通	1	2	3	4	5
董事会经常会给管理层提供决策建议	1	2	3	4	5
董事会信任管理层，关系融洽	1	2	3	4	5
管理层有事业心	1	2	3	4	5
董事会重视公司客户满意度、市场份额和竞争对手状况等	1	2	3	4	5
董事会重视公司质量管理	1	2	3	4	5
董事会重视企业核心竞争力	1	2	3	4	5
一旦业绩不好，董事会将解聘 CEO 或总经理	1	2	3	4	5
管理层决策中对短期因素考虑很多	1	2	3	4	5
管理层的薪酬和企业财务效益紧密挂钩	1	2	3	4	5
董事会重视企业利润	1	2	3	4	5
董事会重视投资回报率	1	2	3	4	5
董事会关心结果，不关心过程	1	2	3	4	5
董事会很少对管理层决策提供支持和帮助	1	2	3	4	5

第二部分 创新战略选择

该部分是关于贵公司创新战略选择的描述，请根据实际情况做出选择。(1 表示完全不同意；2 表示不同意；3 表示无所谓；4 表示同意；5 表示完全同意)。

公司重视创造在性能上全新的产品进行销售	1	2	3	4	5
公司在产品的研制上经常应用最新理念	1	2	3	4	5
公司是本行业中开发和引入全新技术的企业	1	2	3	4	5
公司是新工艺、技术的创造者	1	2	3	4	5
企业的产品在研制中利用了新的工艺和技术	1	2	3	4	5
公司经常在式样、服务等方面进行创新	1	2	3	4	5
公司在现有技术基础上经常改进提高技术	1	2	3	4	5
公司经常进行现有工艺流程的改进和提高	1	2	3	4	5
公司自己经常推出很多的新产品（服务）	1	2	3	4	5
公司不和别人合作也可以创新	1	2	3	4	5
公司自身的研发能力强	1	2	3	4	5

续表

公司往往通过合作创新来从技术上战胜竞争对手	1	2	3	4	5
公司往往通过合作创新达到快速研制产品的目的	1	2	3	4	5
公司的创新活动通常风险很大	1	2	3	4	5
公司的创新很难得到足够的内部资源投入	1	2	3	4	5
近3年，贵公司全新的产品数量比同行业竞争者多	1	2	3	4	5
近3年，贵公司改良性产品数量比同行业竞争者多	1	2	3	4	5
近3年，贵公司产品的新颖性比同行业竞争者强	1	2	3	4	5
公司在现有技术上经常改进提高	1	2	3	4	5
公司经常更新生产设备	1	2	3	4	5
公司经常更新工艺流程	1	2	3	4	5
公司经常引入新的管理控制系统	1	2	3	4	5
公司经常精简机构、简化工作程序	1	2	3	4	5

第三部分　创新与企业绩效

该部分是关于贵公司创新对绩效影响的描述，请根据实际情况做出选择。(1表示完全不同意；2表示不同意；3表示无所谓；4表示同意；5表示完全同意)。

创新对企业销售收入增长率有积极影响	1	2	3	4	5
创新对企业利润增长率有积极影响	1	2	3	4	5
创新对企业资产回报率有积极影响	1	2	3	4	5
创新有助于提升企业产品的性能优势	1	2	3	4	5
创新有助于提升企业的市场份额	1	2	3	4	5
创新有助于提升顾客满意度	1	2	3	4	5

第四部分　填表人基本信息

1. 性别：□男　　□女

2. 年龄：□20～30岁，□30～40岁，□40～50岁，□50～60岁　□60岁以上

3. 目前的职位：□普通员工　□基层管理者　□中层管理者　□高层管理者

参考文献

[1] 陈劲，陈钰芬，2006：《企业技术创新绩效评价指标体系研究》，《科学学与科学技术管理》第3期。

[2] 范兆斌，苏晓艳，2009：《研发活动、自主创新与市场绩效》，《开发研究》第1期。

[3] 付玉秀，张洪石，2004：《突破性创新：概念界定与比较》，《数量经济技术经济研究》第3期。

[4] 傅家骥等，1998：《技术创新学》，清华大学出版社。

[5] 傅家骥等，1992：《技术创新：中国企业发展之路》，北京：企业管理出版社。

[6] 龚红，宁向东，崔涛，2007：《董事会对公司战略过程评价：逻辑架构与指标体系》，《南开管理评论》第5期。

[7] 郭海，李垣，2006：《治理机制、管

理创新能力与自主创新关系研究》，《科学学研究》第6期。

[8] 郭晓川，1998：《企业网络合作化技术创新及其模式比较》，《科学管理研究》第10期。

[9] 侯杰泰，温忠麟，成子娟，2004：《结构方程模型及其应用》，北京：教育科学出版社。

[10] 胡川，2006：《工艺流程创新对市场结构及绩效影响的量化研究》，《经济社会体制比较》第3期。

[11] 黄芳铭，2005：《结构方程模式：理论与应用》，北京：中国税务出版社。

[12] 黄晓燕，2009：《财务投资者OR产业投资者？——双汇发展、苏泊尔分红行为对比研究》，《会计师》第11期。

[13] 黄永春，姚山季，2010：《产品创新与绩效：基于元分析的直接效应研究》，《管理学报》第7期。

[14] 林震岩，2007：《多变量分析——SPSS的操作与应用》，北京：北京大学出版社。

[15] 刘芍佳，孙霈，刘乃全，2003：《终极产权论、股权结构及公司绩效》，《经济研究》第3期。

[16] 罗炜，唐元虎，2001：《企业合作创

新的原因与动机》，《科学学研究》第 9 期。

[17] 荣泰生，2009：《AMOS 与研究方法》，重庆：重庆大学出版社。

[18] 彭灿，杨玲，2009：《技术能力、创新战略与创新绩效的关系研究》，《科研管理》第 2 期。

[19] 申尊焕，2008：《董事会行为：一个新的研究课题》，《董事会》第 1 期。

[20] 石凡，陆正飞，张然，2008：《引入境外战略投资者是否提升了公司价值》，《经济学季刊》第 10 期。

[21] 孙连荣，2005：《结构方程模型（SEM）的原理及操作》，《宁波大学学报：教育科学版》第 2 期。

[22] 王斌，童盼，2008：《董事会行为与公司业绩关系的研究》，《中国会计评论》第 3 期。

[23] 王龙伟，杨建君，李垣，2007：《企业战略控制与自主创新的关系研究》，《管理工程学报》第 2 期。

[24] 魏秀丽，2008：《董事行为机制研究》，北京：经济管理出版社。

[25] 魏泽龙，王龙伟，李垣，2008：《治理机制、组织学习与创新的关系研究》，《科学学与科学技术管理》第 9 期。

[26] 吴明隆，2010：《结构方程模型——AMOS 的操作与应用》，重庆：重庆大学出版社。

[27] 西蒙斯，2004：《控制》，北京：机械工业出版社。

[28] 邢孝兵，王诣杉，2010：《对外贸易与自主创新——基于企业技术创新投入的分析》，《华东经济管理》第 7 期。

[29] 徐冠华，2006：《关于自主创新的几个重大问题》，《中国软科学》第 4 期。

[30] 徐金发，刘翌，2002：《企业治理结构与技术创新》，《科研管理》第 7 期。

[31] 徐莉萍，辛宇，陈工孟，2006：《股权集中度和股权制衡及其对公司经营绩效的影响》，《经济研究》第 1 期。

[32] 严武，2004：《公司股权结构与治理机制》，北京：经济管理出版社。

[33] 杨东，李垣，廖貅武，2007：《控制机制对自主创新过程的影响研究》，《科学学研究》第 25 卷第 6 期。

[34] 杨建君，刘刃，2007：《外部董事数量与企业创新决策关系》，《科学学与科学技术管理》第 6 期。

[35] 杨林，2004：《管家理论与代理理论的比较分析》，《外国经济与管理》第 2 期。

[36] 杨其静，杨继东，2008：《董事会只是为了监督吗?》，《南开经济研究》第6期。

[37] 姚志坚，吴翰，程军，1999：《技术创新A－U模型研究进展及展望》，《科研管理》第9期。

[38] 于骥，2008：《基于治理结构的技术创新激励模型分析》，《学术交流》第4期。

[39] 张晗，2008：《中国企业所有权结构对创新战略选择及绩效的影响研究》[M]，对外经济贸易大学。

[40] 张业韬，王成军，刘渐和，2009：《国有股对企业技术创新的影响路径研究》。

[41] 赵更申，雷巧玲，陈金贤，李垣，2006：《战略导向、组织柔性对创新选择影响的实证研究》，《预测》第5期。

[42] 赵兰香，1995：《产学研合作的机制分析》，《科技导报》第4期。

[43] 周杰，薛有志，2008：《公司内部治理机制对R&D投入的影响——基于总经理持股与董事会结构的实证研究》，《研究与发展管理》第3期。

[44] 周赵丹，刘景江，许庆瑞，2003：《合作创新形式的研究》，《自然辩证法通讯》第25（147）期。

[45] 朱伟民，2004：《所有权、治理结构

与企业创新战略选择》,《中原工学院学报》第15卷4期。

[46] 马文聪,朱桂花,2011:《环境动态性对技术创新和绩效关系的调节作用》,《科学学研究》第3期。

[47] 冯梓洋,张显峰,唐亮,2014:《创业板公司自主创新与企业绩效、股价波动的关联分析》,《证券市场导报》3月号。

[48] 徐建中,贾大风,吕希琛,杨慧兰,2015:《装备制造企业突破性创新与技术创新绩效关系研究》,《工业工程与管理》第5期。

[49] 杨慧军,杨建君,2015:《股权集中度、经理人激励与技术创新选择》,《科研管理》第4期。

[50] Adams, Renee, Hermalin, Benjamin, Weisbach, Michael, 2008: The Role of Boards of Directors in Corporate Governance: A Conceptual Framework & Survey, Working Paper, Center for Responsible Business, UC Berkele.

[51] Abernathy, Utterback J. M., 1978: Patterns of Industrial Innovation. Technology Review, 80 (7): 40-47.

[52] Alchian and Demsetz, 1972: Production, Information Costs, and Economic Organization, American Economic Review, 62 (5):

777 -795.

[53] Amihud Y., Lev B. 1981: Risk Reduction as a Managerial Motive for Conglomerate Mergers. Bell Journal of Economics 12 (2): 605 -617.

[54] Amihud, Y. and B. Lev, 1981: Risk reduction as managerial motive for conglormerate mergers, Bell Journal of Economics 12, 605 - 607.

[55] Andergassen, Rainer & Nardini, Franco & Ricottilli, Massimo, 2009: Innovation and growth through local and global interaction, Journal of Economic Dynamics and Control, Elsevier, Vol. 33 (10), pages 1779 -1795, October.

[56] Arrow K. 1962: The economic implications of learning by doing. Review of Economic Studies 29: 155 -173.

[57] Baysinger, B., Hoskisson, R., 1990: The composition of boards of directors and strategic control: effects of corporate strategy. Academy of Management Review 15, 72 -87.

[58] Baysinger, Kosnik & Turk, 1991: Effects of board and ownership structure on corporate R&D strategy. Academy of Management Journal, 34: 205 -214.

[59] Bayu Bayus, 1994: "Optimal pricing and product development policies for new consumer durables", Internat. J. Research in Marketing, Vol. 11, pp. 249 – 259.

[60] Belloc, Filippo, 2010: Corporate governance and innovation: an organizational perspective, MPRA Paper 21495, University Library of Munich, Germany.

[61] Berrone. P, Surroca, J and Tribo, J. A., 2005: the influence of blockholders on investments intensity: evidence from Spain, forthcoming in the journal of corporate ownership and control.

[62] Bollen and Scott Long, 1993: Testing Structural Equation Models, Sage Publications.

[63] Bonanno, G., Haworth, 1998: Intensity of competition and the choice between product and process innovation. International Journal of Industrial Organization 16, 495 – 510.

[64] Boone A. L. Field L. C. Karpoff J. M. The determinants of corporate board size and composition: An empirical analysis 2005.

[65] Brown, & Eisenhardt, 1997: The art of continuous change: Linking complexity theory and time – paced evolution in relentlessly shifting

organizations. Administrative Science Quarterly, 42: 1 -34.

[66] Bushee, Brian, 1998: The Influence of Institutional Investor on Myopic R&D Investment Behavior, Accounting Review, 73, p.305.

[67] Capon, N. Farley, J. U. & Hoenig, S., 1990: "Determinants of financial performance: A meta - analysis", Management Science, 36: 1143 -1159.

[68] Cellini, Roberto, Lambertini, Luca and Sterlacchini, Alessandro, 2009: Managerial incentive and the firms'propensity to invest in product and process innovation, Munich Personal RePEc Archive January.

[69] Choi, H., Kim, J., Lee, M., Giaglis, G., Naruse, K., Constantiou, I., Fife, E., Mayhew, G., 2007: Contribution to Quality of Life: Cross - National Validation of New Metrics for Mobile Data Service Technology in Korea and Japan. International Journal of Innovation and Technology Management, 4 (2): 191 -208.

[70] Chandler A. D., 1991: The functions of the HQ unit in the multi - business firm. Strategic Management Journal 12 (8): 31 -50.

[71] Chandy R. K., Tellis G. J. Organizing

for radical product innovation: the overlooked role of willingness to cannibalize. J Market Res 1998; XXXV: 474 -87.

[72] Chaney, P. K. , T. M. Devinney and R. S. Winer, 1991: The Impact of New Product Introductions on the Market Value of Firms, Journal of business, 64, 573 -610.

[73] Chris Freeman. 1995: "The'National System of Innovation' in historical perspective", Cambridge Journal of Economics, 19, pp. 5 -24.

[74] Christensen C. M., 1997: The innovator's dilemma. Harvard Business Press: Boston.

[75] Chung K. H. Wright P. Kedia B Corporate governance and market valuation of capital and R&D investments 2003 (2).

[76] Cohen and Klepper, 1996a: A Reprise of Size and R&D, Economic Journal, 106, 925 -951.

[77] Cohen and Klepper, 1996b: Firm Size and the Nature of Innovation within Industries: The Case of Process and Product R&D, Review of Economics and Statistics, 78, 232 -243.

[78] D'Aspremont, Claude & Jacquemin, Alexis, 1988: Cooperative and Noncooperative

R&D in Duopoly with Spillovers, American Economic Review, American Economic Association, Vol. 78 (5), pp. 1133 - 37.

[79] Daniel I. Prajogo, Pervaiz K. Ahmed Relationships between innovation stimulus, innovation capacity, and innovation performance. R&D Management Volume 36, Issue 5, pages 499 - 515, November 2006.

[80] David Carter, Betty Simkins, Gary Simpson, 2003: Corporate Governance, Board Diversity, and Firm Performance, Financial Review, 38, 33 - 52.

[81] Davis, J. H., Schoorman, D. and Donaldson, L. 1997: Toward a Stewardship Theory of Management. Academy of Management Review, 22): 20 - 47.

[82] Denis D. J., Denis D. K., Sarin A. 1997: Agency problems, equity ownership, and corporate diversification. Journal of Finance 52 (1): 135 - 160.

[83] Dewar and Dutton, 1986: The adoption of Radical and incremental innovation: An empirical analysis. Management Science 32: 700 - 714.

[84] Donaldson L. and Davis J. H., 1991:

Stewardship Theory or Agency theory: CEO Governance and Shareholder Returns. Australian Journal of Management, 16: 49 -64.

[85] Duchesnau, Cohen, et al. 1979: A Study of Innovation in Manafacturing, Determinants, Processes and Methological Issues. Maine, University of Maine, Orono 1979.

[86] Eisenhardt K. M., 1989: Agency theory: An assessment and review. Academy of Management Review 14: 57 -74.

[87] Eisenhardt K. M., 1985: Control: organizational and economic approaches. Management Science, Vol. 31 No. 2, pp. 134 -150.

[88] Ettlie, Bridges, & O'Keefe, 1984: Organization strategy and structural differences for radical versus incremental innovation. Management Science, 30 (6): 682 -695.

[89] Fama E. F., Jensen M. C., 1983: Separation of ownership and control. Journal of Law and Economics 26: 301 -325.

[90] Forbes, D. & Milliken, F., 1999: "Cognition and corporate governance: Understanding boards of directors as strategic decision making groups", Academy of Management Review, 24: 489 -505.

[91] Ford, J. D., & Schellenberg, D. A., 1982: "Conceptual issues of linkage in the assessment of organizational performance", Academy of Management Review, 7, 49 –58.

[92] Fox and Hamilton, 1994: Ownership and Diversification: Agency Theory or Stewardship Theory, Journal of Management Studies, 31 (1), 69 –81.

[93] Francis, and Abbie Smith. 1995: "Agency costs and innovation: Some empirical evidence", Journal of Accounting and Economics, Vol. 19, no. 2 –3, pp. 383 –409.

[94] Freeman, C., 1982: The economics of industrial innovation. Cambridge MA: the MIT press.

[95] Freeman, C., 1987: Technology Policy and Economic Performance: lessons from Japan. London: Frances Printer.

[96] Fritsch, M. and M. Meschede, 2001: "Product Innovation, Process Innovation, and Size", Review of Industrial Organization, 19, 35 –50.

[97] Fritsch, Franke, and C. Schwirten, 1999: "Innovation in Manufacturing – An East – West German Comparison", in M. Fritsch and H.

Brezinski, eds., Innovation and Technological Change in Eastern Europe. Cheltenham: Edward Elgar Publishers, pp. 167 – 183.

[98] Geroski P, Machin S, Vanreenen J., 1993: "The proftability of innovating firms", Rand Journal of Economics; 24 (2): 198 – 211.

[99] Gilbert, and Newberry, 1982: "Preemptive patenting and the persistence of monopoly", American Economic Review, 72, pp. 514 – 526.

[100] Grinstein, Y., Tolkowsky, E., 2004: The role of the board of directors in the capital budgeting process – evidence from S&P 500 firms. Working Paper, Cornell University.

[101] Hair, Black, Babin, Anderson, Tatham, 1998: Multivariate Data Analysis, Pearson Education International.

[102] Hambrick, & Finkelstein, S., 1987: Managerial discretion; a bridge between polar views of organizational outcomes. In L. L. Cummings and B. M. Staw (Eds.), Research in Organization Behavior, Vol 9: 369 – 405. Greenwich, CT: JAI Press.

[103] Hambrick, Fukutomi. The season of a CEO's tenure, Academy of Management Re-

view, 1991, 16 (4): 719 -742.

[104] Hannan M, Freeman J., 1984: Structural inertia and organizational change. American Sociological Review 49: 149 - 164.

[105] Hedberg, B., 1981: How Organizations learn and unlearn, in Nyström, P. C. and Starbuck. W. H. Handbook of Organizational Design, Vol. 1, pp. 3 - 27, Oxford University Press.

[106] Henderson, and K. B. Clark, 1990: "Architectural Innovation: The Reconfiguration of Existing Product Technologies and the Failure of Established Firms", Administrative Science Quarterly 35 (1): 9 - 30.

[107] Hillman, Dalziel, 2003: Boards of Directors and Firm Performance: Integrating Agency and Resource Dependence Perspectives. Academy of Management Review, 28 (3): 383 -396.

[108] Hiroyuki Okamuro. Jian Xiong Zhang 2006. Ownership structure and R&D investment of Japanese start - up dirms . Journal of Applied Corporate Finance, Vol. 11, issue 4, pages 8 - 20.

[109] Hitt, M. A., Hoskisson, R. E., Johnson, R. A. & Moesel, D. D., 1996: The market for corporate control and firm innovation. Academy of Management Journal, 39 (5):

1084 - 1119.

[110] Hitt, Hoskisson, Johnson, Moesel. The Market for Corporate Control and Firm Innovation [J]. Academy of Management Journal, 1996, 39 (5): 1084 - 1119.

[111] Holmstrom, Bengt, 1999: Managerial Incentive Problems: A Dynamic Perspective, The Review of Economic Studies, 66, 169 - 182.

[112] Hoskisson, R. E., Hitt, M. A., Johnson, R. A. and Grossman, W. 2002: Conflicting Voices: The Effects of Institutional Ownership Heterogeneity and Internal Governance on Corporate Innovation Strategies", Academy of Management Journal, 45 (4): 697 - 716.

[113] Hrebiniak, Lawrence G., Joyce, William F., 1985: Organizational adaptation: strategic choice and environmental determinism Administrative Science Quarterly, 30 (7), 336 - 349.

[114] Jensen M. C., Meckling W. H., 1976: Theory of the firm: Managerial behavior, agency costs, and ownership structure. Journal of Financial Economics, 3: 305 - 350.

[115] Jensen, Michael. The Modern Industrial Revolution, Exit, and the Failure of Internal

Control System. J. Journal of Finance, 1993, 48: 831 - 880.

[116] Johnson, Daily, & Ellstrand, 1996: Boards of directors: A review and research agenda. Journal of Management, 22: 409 - 438.

[117] Kaplan, and Norton, 2001: The Strategy - Focused Organization: How Balanced Scorecard Companies Thrive in the New Business Environment. Boston, MA: Harvard Business School Press.

[118] Khanna, and M. Iansiti. "Firm Asymmetries and Sequential R&D: Theory and Evidence from the Mainframe Computer Industry", Management Science 43, no. 4 (April 1997): 405 - 421.

[119] Koberg, C. and D. R. Detienne, et al. 2003: "An empirical test of environmental, orgaizational and process factors affecting incremental and radical innovation", The Journal of High Technology Management Research 14: 21 - 45.

[120] Kochhar, & David, 1996: Institutional investors and firm innovation: A test of competing hypotheses. Strategic Management Journal, 17: 73 - 84.

[121] Koellinger, 2008: "The Relationship between Technology, Innovation, and Firm Performance: Empirical Evidence on E – Business in Europe", Research Paper ERS – 2008 – 031 – ORG, Erasmus Research Institute of Management (ERIM).

[122] Kosnik, R. D. Greenmail a study of board performance in corporate governance 1987.

[123] Lane P. J., Cannella A. A. J., Lubatkin M. H., 1998: Agency problems as antecedents to unrelated mergers and diversification: Amihud and Lev reconsidered. Strategic Management Journal 19 (6): 555 – 578.

[124] Leifer R., McDermott C., O'Connor G., Peters L., Rice M., Veryzer R. Radical innovation: how mature companies can outsmart upstarts. Boston: Harvard Business School Press, 2000.

[125] Levin, Klevorik, Nelson, and S. G. Winter, 1987: Appropriating the Returns from Industrial R&D, Brookings Papers on Economic Activity, 783 – 820.

[126] Lipton, Lorsch, 1992: A modest proposal for improved corporate governance. Business Lawyer 1, 59 – 77.

[127] MacAvoy and Ira M. Millstein, 1999: The active board of directors and its effect on the performance of the large publicly traded corporation.

[128] Mansfield, Schwartz, M. and Wagner, 1981: "Imitation costs and patents: an empirical study", Economic JournalL, Vol. 91, 907 -918.

[129] Marc H. Meyer and James M. Utterback. "The Product Family and the Dynamics of Core Capability", Sloan Management Review, Vol. 34, No. 3, Spring 1993.

[130] Margolis, and Kammen, 1999: "Evidence of Under - Investment in Energy R&D in the United States and the Impact of Federal Policy", Energy Policy, Vol. 27, Issue, 10, pp. 575 -584.

[131] Merchant, and Van der Stede, W. A, 2007: Management control systems: performance measurement, evaluation and incentives. Prentice Hall.

[132] Morris. The economic theory of managerial capitalism Aghion, Philippe John Van Reenen, and Luigi Zingales, 2008, "Innovation and Institutional Ownership", Working Paper, U-

niversity of Chicago Graduate School of Business.

[133] Muth, M. M. and L. Donaldson, 1998: Stewardship Theory and Board Structure: A Contingency Approach, Corporate Governance: An International Review 6 (1), 5 – 28.

[134] Ouchi, W., 1979: A conceptual framework for the design of organization control mechanisms. Management Science, 25, 833 – 848.

[135] Pfeffer J., Salancik G. R., 1978: The external control of organizations: A resourcedependence perspective. Harper & Row: New York.

[136] Pfeffer, 1972: Size and composition of corporate boards of directors: The organization and its environment. Administrative Science Quarterly, 17, 218 – 228.

[137] Reinganum, J. F. 1983: "Uncertain innovation and the persistence of monopoly", American Economic Review, 73, pp. 741 – 747.

[138] Richard Leifer, Christopher, Dermott, Gina Colarelli O'Connor, and Robert Veryzer, Radical Innovation: How Mature Companies Can Outsmart Upstarts, Harvard Business School Press, Boston, 2001.

[139] Robertson & Gatignon, 1998: Technologydevelopmentmode: a transaction cost conceptualization, Strategic Management Journal, 19 (6), 515 - 531.

[140] Rosenkranz, 2003: Simultaneous choice of process and product innovation. Journal of Economic Behavior and Organization 50, 183 - 201.

[141] Rosenkranz, S., 2003: Simultaneous Choice of Process and Product Innovatin when Consumers have a Preference for Product Variety, Journal of Economic Behavior and Organization, 50, 183 - 201.

[142] Rosenstein, and J. G. Wyatt, 1990: Outside Directors, Board Independence, and Shareholder Wealth, Journal of Financial Economics 26, 175 - 191.

[143] Rosenstein, Wyatt, 1997: Inside directors, board effectiveness and shareholder wealth. Journal of Financial Economics 44, 229 - 250.

[144] Rouvinen, Petri, 2002: "Characteristics of Product and Process Innovators: Some Evidence from the Finnish Innovation Survey," Applied Economics Letters, Vol. 9 (9), pages 575 - 580, July.

[145] Sanders, W. G., & Carpenter, M. A. Internationalization and firm Governance: The role of CEO Compen - sation, top team composition, and board structrue [J]. Academy of Management Journal, 1998, 41: 158 - 178.

[146] Sherman, Beldona S. and Joshi, M. P., 1998: Institutional Investor Heterogeneity: Implications for Strategic Decisions, Corporate Governance, 6 (3): 166 - 173.

[147] Sitkin, & Pablo A., 1992: "Reconceptualizing the determinants of risk behavior", Academy of Management Review, Vol. 17, No. 1, 9 - 38.

[148] Snow, and Hrebiniak, 1980: "Strategy, Distinctive Competence and Organizational Performance", Administrative Science Quarterly 25: 317 - 336.

[149] Sorensen, Stuart, 2000: Aging, Obsolescence, and Organizational Innovation. Administrative Science Quarterly 45: 81 - 112.

[150] Sorescu, Chandy, R. K. and Prabhu, J. C. 2003: "Sources and financial consequences of radical innovation: insights from pharmaceuticals", Journal of Marketing, 67 (4): 82 - 102 (DOI: 10.1509/jmkg.67.4.82.18687).

[151] Suetens S., 2004: "Literature review: R&D cooperation in oligopoly with spill-overs: an experimental economic approach", Working Papers 2004024, University of Antwerp, Faculty of Applied Economics.

[152] Tarun Khanna, Ranjay Gulati, Nitin Nohria, The Dynamics of Learning Alliances: Competition, Cooperation, and Relative Scope, Strategic Management Journal, Vol. 19, No. 3 (Mar., 1998), pp. 193-210.

[153] Tauber R., "How Market Research Discourages Major Innovation", Business Horizons, 17, 3 (June 1974), 22-26.

[154] Thomas Friedman's. 2006: "The World is Flat", Harvard Business Press.

[155] Tushman, & Anderson, P. 1986: Technological discontinuities and organizational environments. Administrative Science Quarterly, 31 pp. 439-465.

[156] Utterback, Innovation and Industrial Evolution in Manufacturing Industries, in B. R. Guile and H. Brook (eds.): Technology and Global Industry: Companies and Nations in the World Economy, National Academy Press, 1987.

[157] Utterback, and Abernathy, 1975:

"A dynamic model of process and product innovation", OMEGA, Vol. 3, no. 6, pp. 639 – 656.

[158] Vickers, J. 1985: "Delegation and the Theory of the Firm", Economic Journal, 95 (Conference Papers), 138 – 147.

[159] Walsh, J. P. and Seward, 1990: On the efficiency of internal and external corporate control mechanisms. Academy of Management Review, 15 (3): 421 – 458.

[160] Wernerfelt B. 1984: A resource – based view of the firm. Strategic Management Journal, 5 (2): 171 – 180.

[161] Wright, Ferris, Satin & Awasthi. Impact of corporate insider, blockholder, and institutional equity ownership on firm risk taking. Academy of Management Journal, 1996, 39 (2): 441 – 463.

[162] Yin, X., Zuscovitch, 1998: Is firm size conducive to R&D choice? A strategic analysis of product and process innovations. Journal of Economic Behavior and Organization 35, 243 – 262.

[163] Zahra S. A., Pearce J. A. II, 1989: Boards of directors and corporate financial performance: A review and integrative model. Journal of Management, 15: 291 – 334.

[164] Zahra, 1996: "Governance, ownership, and corporate entrepreneurship: The moderating impact of industry technological opportunities", Academy of Management Journal, 39, 1713 - 1735.

[165] Zahra, Das. 1993: "Innovation strategy and financial performance in manufacturing companies: An empirical analysis", Production Oper. Management 215 - 237.

[166] Zahra, Neubaum, & Huse, 2000: "Entrepreneurship in medium - size companies: exploring the effects of ownership and governance systems", Journal of Management: 26 (5): 947 - 976.

[167] Fitjar, R. D. Rodriguez - Pose, A. Firm collaboration and modes of innovation in Norway [J]. Research Policy 2013 (1): 128 - 138.

后　记

本书是在我博士学位论文的基础上完善而成的。本书的完成首先要感谢我的导师王玉教授，王老师以其敏锐的眼光帮助我确定这一选题，全程指导我开题、研究直至完成博士学位论文。同时，导师王玉教授严谨的治学态度、渊博的学识、谦和的秉性，深深地影响着我，使我受益终生。在此，谨向王老师表示衷心的感谢和崇高的敬意。

感谢上海财经大学骆祖望教授、夏健明教授、谢家平教授在开题、答辩时给予我的指导；在本书写作过程中，还得到孙元欣教授、贺小刚教授，王琴副教授的指导和帮助，在此对他们表示深深的感谢。

感谢我的丈夫和儿子，他们在生活与精神上给了我很大的支持与鼓舞，并给我创造了良好的学习环境，使我顺利完成本书的写作。

本书的完成得到上海金融学院会计学院马颖院长、姜雅净书记的关心和支持，在此深表感谢。

本书的出版得到中央财政支持地方《应用型金融人才培养综合教学实验平台》项目和上海市教委科研创新文科重点项目（14ZS154）支持，在此一并致谢。

由于水平有限，书中难免存在谬误及不足之处，敬请学界同行和业界专家指正。

蒋小敏

2015 年 12 月